O Ator no Olho do Furacão
metáforas norteadoras
para o trabalho criativo do ator

8 COLEÇÃO MACUNAÍMA NO PALCO: UMA ESCOLA DE TEATRO

Edição de texto: LARISSA FÉRIA
Revisão de provas: ROBERTA CARBONE
Capa e projeto gráfico: SERGIO KON
Produção: RICARDO NEVES, LUIZ HENRIQUE SOARES, ELEN DURANDO, SERGIO KON E LIA N. MARQUES

Eduardo De Paula

O Ator no Olho do Furacão

metáforas norteadoras para o trabalho criativo do ator

TEATRO ESCOLA MACUNAÍMA

PERSPECTIVA

CIP-Brasil. Catalogação na Publicação
Sindicato Nacional dos Editores de Livros, RJ

P346a
De Paula, Eduardo
O ator no olho do furacão : metáforas norteadoras para o trabalho criativo do ator / Eduardo De Paula. - 1. ed. - São Paulo : Perspectiva, 2017.
152 p. : il. ; 21 cm. (Macunaíma no palco ; 8)

1. reimpr. da 1. ed. de 2017
Inclui bibliografia
ISBN 978-85-273-1076-5

1. Atores. 2. Método (Representação teatral). 3. Representação teatral. 4. Teatro - Técnica. I. Título. II. Série.

16-38287 CDD: 792.02
CDU: 792.02

16/11/2016 17/11/2016

1ª edição - 1ª reimpressão

EDITORA PERSPECTIVA S.A.

AV. BRIGADEIRO LUÍS ANTÔNIO, 3025
01401-000 SÃO PAULO SP BRASIL
TELEFAX: (011) 3885-8388
WWW.EDITORAPERSPECTIVA.COM.BR

2017

À memória do meu pai,
que sempre me possibilitou ir.

Sumário

Agradecimentos

Ao Giuseppe, por nossa história e pela paciência nesses tempos em que a cabeça da gente se perde em meio às ideias, palavras e criações.

Aos meus parceiros de jornada: Felipe Rocha, Silvia de Paula, Magali Gallello, Hanne Chicrala, Marcela Grandolpho, Nilce Xavier, Zézu Santiago, Carlos César, Telma Guedes e Juliana Molla.

Ao professor Armando Sérgio da Silva, orientador desse percurso, pela autonomia permitida no processo de pesquisa, criação e escrita. E aos colegas do Centro de Pesquisa em Experimentação do Ator – Cepeca, que contribuíram com o olhar crítico para o desenvolvimento das pesquisas.

Agradeço especialmente aos inúmeros mestres com os quais tive a oportunidade de aprender processos criativos que efetivamente fizeram sentido e permanecem vivos e transformados.

Dedico este trabalho aos meus alunos – da memória e do porvir!

Prefácio

Conheço o José Eduardo de Paula, o Edu, como carinhosamente nós o chamamos, desde 1995, quando foi meu aluno de interpretação teatral no Departamento de Artes Cênicas da Escola de Comunicações e Artes da Universidade de São Paulo.

Escolheu como atividade, juntamente com uma colega, a peça *Navalha na Carne*, de Plínio Marcos. Ainda lembro-me de seus exercícios, bastante meticulosos e radicais, tentando encontrar a personagem Vado. Lembro-me também de certa ansiedade na busca de uma perfeição impossível para um aluno do primeiro nível do curso de interpretação.

Solicitou-me, no lugar do texto de Plínio Marcos, fazer apresentações e introduções para as cenas dos colegas. Desde aqueles tempos, já demonstrava humildade. Sem um texto predefinido, tais apresentações abriram um campo interessante para a improvisação e a performance. Essas características, ainda sem saber, apontavam para o seu futuro estilo de pesquisador. Foi um belo trabalho, que deu o ritmo que o espetáculo necessitava.

Depois desse primeiro encontro, perdi contato com o Edu. Sabia que, desde 1998, lecionou interpretação teatral no Teatro Escola Macunaíma, onde dirigiu vários espetáculos, fez inúmeros cursos, além de atuar como docente pela PUC e pela USP.

Quase quinze anos depois, em uma reunião do Centro de Pesquisa em Experimentação Cênica do Ator (Cepeca), vi entrar na sala um moço alto e magro. Imediatamente, me veio a imagem daquele garoto vibrante dos tempos da graduação. Abraçamo-nos calorosamente, como se quiséssemos recobrar o tempo da ausência, e o acolhi dentro do grupo.

No início, seu projeto de pesquisa era um pouco confuso e tinha um título dos mais amplos que já conheci: "Teatro: O Ator". Em 2009, o aceitei como orientando. Seu projeto de mestrado tinha o seguinte título: "O Ator no Olho do Furacão – Metáforas Norteadoras Para o Trabalho Criativo do Ator". Conversamos sobre o assunto e confesso que, em um primeiro momento, fiquei um pouco perplexo com o título, entretanto achei o caminho bastante original. A partir de então, o Edu começou a acreditar na proposta e trabalhou com muita disciplina e determinação. Interessante é que, aos poucos, e juntos, fomos descobrindo o que poderia ser esse "ator no olho do furacão".

As discussões sobre o seu trabalho se aprofundavam e ficavam cada vez mais interessantes. Em 2011, o teatro-laboratório do Departamento de Artes Cênicas ficou lotado de alunos: tratava-se da defesa da dissertação de mestrado do Edu. Anunciava-se a apresentação do espetáculo *Outra Sina de Existir*, resultado das improvisações de cenas, estimuladas pelos inúmeros temas extraídos do conto "A Terceira Margem do Rio", de Guimarães Rosa. O trabalho foi aplaudidíssimo. A banca foi iniciada. Foram tantos elogios que o Edu se emocionou. Sugestão enfática de publicação devido a importância do trabalho para a pedagogia do teatro brasileiro. Olhamo-nos e sorrimos. Corremos para nos abraçarmos, exatamente como fizemos na sua chegada ao Cepeca. José Eduardo de Paula, agora, é um professor de interpretação teatral concursado na Universidade Federal de Uberlândia. O resultado de todo esse árduo trabalho carregado de emoção o caro leitor poderá desfrutar na leitura de: *O Ator no Olho do Furacão – Metáforas Norteadoras Para o Trabalho Criativo do Ator*.

Bom proveito!!!

Armando Sérgio da Silva

Uma das armadilhas mais malignas que estão escondidas sem querer nos livros de exercícios e conselhos para atores deriva do fato de que em um livro as coisas devem ser colocadas uma depois da outra. Não podem estar entrelaçadas, transformarem-se em texto, mas constituem livros de textos que remetem a um contexto, o único a dar-lhes sentido.

EUGENIO BARBA, *Canoa de Papel.*

Considerações Iniciais

Se nunca esteve, crie a situação imaginariamente. Às vezes se pode viver com mais intensidade e nitidez na imaginação do que na realidade.
C. STANISLÁVSKI[1]

O desenvolvimento dessa pesquisa visa relacionar, via metáforas, alguns princípios essenciais para o trabalho do ator, como presença cênica, equilíbrio, equivalência, treinamento e pré-expressividade, presentes na antropologia teatral e em diferentes aspectos observados nas manifestações do elemento ar.

O trabalho do ator e as fenomenologias do elemento ar são entendidos como sistemas referentes às distintas áreas do conhecimento: arte e ciência. Durante as etapas dessa pesquisa, a convivência e os atritos gerados entre essas áreas foi condição geradora de verificações, escolhas e reformulações das práticas teatrais propostas na preparação e criação do ator – e posteriormente na montagem da peça *Outra Sina de Existir*, inspirada no conto "A Terceira Margem do Rio", de João Guimarães Rosa.

1 *A Preparação do Ator*, p. 317.

O campo de estudos relacionava o teatro formal e o improvisacional, visando investigar, à luz da antropologia teatral[2], os procedimentos do teatro oriental e ocidental – codificado e improvisacional. O interesse por esses dois modelos deu-se pelo reconhecimento da importância que ambos têm para o trabalho compositivo do ator.

Com os procedimentos codificados tínhamos possibilidade de desenvolver um trabalho mais hermético, focado em treinamentos físicos mais fechados e rígidos, do ponto de vista do desenho da ação. Por outro lado, havia possibilidade de explorar a criatividade e a criação a partir de diferentes propostas improvisacionais. Ou seja, os treinamentos físico e improvisacional seriam o ponto de partida para a análise de práticas distintas do trabalho do ator no desenvolvimento do que é considerado potente ao seu ofício.

Ao refletir sobre o ator e seu ofício, imerso em referenciais práticos e teóricos, a imagem metafórica do "ator no olho do furacão" veio à tona, permitindo à minha imaginação associar diferentes possibilidades de relacionar "ator" e "olho do furacão".

Com o caminho findo, depois da "travessia", sei que tal imagem também evidencia um aspecto comum a todo processo de criação: a "crise criativa". O ator, em meio às muitas referências que o constituem enquanto o ser da ação, pode até não se considerar no "olho do furacão" durante um processo de criação, mas a todo momento é convidado a optar, selecionar, repetir, aprimorar, experimentar – e tudo isso novamente e outras tantas vezes! Nessa cadeia de ações, entrará em contato com as diversas experiências e referências, que deverão ser selecionadas e fixadas pela potência-memória: as memórias efetivas.

Se o ator é o sujeito de uma ação criadora e, para avançar e amadurecer, precisa retroceder e negociar com o conhecido, o experienciado e o devir, ele deve se habituar a confrontar as certezas

2 "Estudo do comportamento cênico pré-expressivo que se encontra na base dos diferentes gêneros, estilos e papéis e das tradições pessoais e coletivas"; cf. E. Barba, *A Canoa de Papel*, p. 23.

com as incertezas geradas pelas experiências. Esse processo sistêmico promove e relaciona as memórias efetivas, como matérias residuais geradoras de outros sentidos, de outros conhecimentos.

"O ator no olho do furacão" é o sujeito do confronto: é quem coloca seus saberes e experiências em xeque, com a finalidade de promover as ações criadoras, e por meio delas [talvez] descobrir e elaborar outras possibilidades para o seu fazer teatral.

Dedico esta pesquisa para todos "os atores do olho do furacão".

Evoé!

1.

O Ar Manifesto:

Memórias, Ideias, Metáforas e Algumas Relações

Quando queremos lembrar o que aconteceu
nos primeiros tempos de infância,
confundimos muitas vezes o que se ouviu
dizer aos outros com as próprias lembranças.
GOETHE

"Estamos construindo memórias!" Essa frase ecoa em meus pensamentos. De onde ela surgiu? Qual a sua origem? Penso que já a ouvi mais de umas duas vezes. Não! Confundo-me e passo a pensar que li sobre isso em mais de dois ou três textos. Quem é o autor? Quem disse "isso" ou escreveu sobre "aquilo"?

Memórias...

De tanto ouvir histórias, passamos a acreditar que elas também são nossas, que nos pertencem. "Daí o caráter não só pessoal, mas familiar, grupal, social, da memória."[1] A memória não é apenas responsável pela retenção da história ou preservação do passado, mas pela geração do que está por vir, pela geração do futuro. Nesse sentido, a memória pode ser percebida como uma potência de criação que propicia, a partir das referências conhecidas e

1 E. Bosi, *Memória e Sociedade*, p. 59.

experienciadas, outras escolhas, novas experimentações e, quiçá, a geração de novos conhecimentos.

Considerando que todos os processos de criação geram experiências responsáveis por criar uma bagagem comum, assim como memórias coletivas e individuais, capazes de operacionalizar o ato criativo nos envolvidos, denominaremos essa memória produzida pelas experiências pessoais, coletivas, partilhadas e vivenciadas de memória afetiva.

Memórias, em nosso ponto de vista, são resultados de experiências, da relação do sujeito com o meio, que, de um modo ou de outro, nos afeta.

As memórias nos constroem. Serão elas que nos permitem tomar consciência das partes constituintes daquilo que somos ou daquilo que por hora somos?

[Somos em trânsito!]

Percebemo-nos pertencentes a determinada cultura e sociedade, imersos em teorias, práticas e ideias constituintes de nossas atitudes e pensamentos. Ser é uma espécie de "multidão singular", coabitação de multiplicidades de memórias, infinidades de referências, de potências de existir, de distintos afetos e a consequente instalação de suas memórias.

Ideia_Ideias

Obrigação de todo artista? Como surgem as ideias?

De onde, de qual lugar elas vêm?

Observemos a potência da terminologia furacão.

A simples evocação da palavra é suficiente para provocar na imaginação uma sequência de imagens, sonoridades e inúmeras referências relacionadas com o ar manifesto de forma furiosa.

Se a "função memória" permite o resgate das referências sobre um determinado objeto, o cruzamento entre informações distintas permite a conexão de diferentes "universos pessoais"[2] e a multiplicação das possibilidades de relações com a coisa referida. As imagens, sonoridades, sensações e outras camadas perceptivas, ao mesmo tempo em que expandem o campo relacional, levam de volta à ideia geradora: o ar manifesto de modo espiralado, furioso, capaz de causar danos irreparáveis em tudo o que tocar-afetar.

Dessa maneira, é possível entender "furacão" como aquilo que Platão definiu como "ideia e/ou forma", o "mundo perfeito das ideias":

> Ideia se assemelha à coisa; ela mesma é uma espécie de coisa; é semelhante a outras ideias, diferente de outras ideias; forma com todas as outras ideias outro mundo de existências que cumpre chamar imaginárias, e que, pelo mesmo raciocínio, supõe um outro, e um outro, e assim infinitamente.[3]

Compreender o ar manifesto em suas distintas "variantes"[4] como "ideias e/ou formas" possibilita utilizar a essência da metáfora para discutir analogias possíveis entre os aspectos observados no ar manifesto e os trabalhos de preparação e criação do ator.

As analogias consideram o cruzamento de distintas áreas do conhecimento – ciências atmosféricas e arte/interpretação teatral – como uma proposta interdisciplinar. Os cruzamentos, intersecções e relações observados enquadram-se no enfoque sistêmico de treinamento físico e improvisacional, composto de exercícios,

2 Ligado ao conceito de "Umwelt: mundo à volta, mundo entorno, ou mundo particular [...] a forma como uma determinada espécie de interface interage entre o sistema vivo e a realidade [...] a base biológica da Umwelt é fortemente associada aos canais de percepção do ser vivo [...] Tendo-se em conta a hipótese ontológica de que a realidade é complexa, cada "bolha" ou sistema de filtros seleciona características, representações, perspectivas da mesma forma particular para cada sistema cognitivo"; cf. J.A. Vieira, *Teoria do Conhecimento e Arte*, p. 79.

3 Alain, *Ideias*, p. 36.

4 Consideramos como base das variações do elemento ar a escala Beaufort que associa "os diferentes tipos de estágios do estado do mar e as intensidades dos ventos"; cf. M. Kobiyama et al., *Prevenção de Desastres Naturais*, p. 62.

estímulos e princípios norteadores dos processos de preparação e criação do ator. Pela perspectiva da Teorias Geral dos Sistemas[5], trabalhamos com a noção de memória que não é simplesmente resgate do passado, mas, principalmente, garantia de operacionalizar o futuro, o devir, a criação. "É a partir da memória [...] que um sistema consegue conectar seu passado, na forma de uma história, com o presente transiente e com possíveis futuros."[6]

É possível compreender processo de criação como um campo de experiências geradoras de memórias. Por si só, o enunciado processo de criação é revelador de uma "coisa" que se estende por certo período. Segundo o *Dicionário Aurélio da Língua Portuguesa*, "Período [é] (1.) o tempo transcorrido entre duas datas ou dois fatos mais ou menos marcantes. (2.) Qualquer espaço de tempo, determinado ou indeterminado."

A duração do processo de criação prevê um futuro de realizações precedido de etapas geradoras de experiências. Estas, por sua vez, instalarão memórias comuns ao coletivo envolvido e serão selecionadas em diferentes momentos, nos quais os criadores sentirem necessidades de escolher, selecionar, optar e assim, p-r-o-c-e-s-s-u-a-l-m-e-n-t-e, estabelecer as suas criações.

5 A Teoria Geral do Sistema procura refletir sobre os processos criativos e suas evoluções, a partir da complexidade de cada organismo, com seus sistemas específicos e análogos.

6 J. A. Vieira, op. cit., p. 22.

Ideias

As ideias não surgem do nada.[7]

A pesquisa deste livro foi marcada pela busca de estímulos relacionados às manifestações do elemento ar, em especial, o furacão. Uma das primeiras imagens encontradas foi a figura que evidencia o ciclone e o anticiclone. Observando os vetores verticais e circulares, é possível imaginar e associar algumas possibilidades de relacionar exercícios, procedimentos e princípios com o trabalho do ator, via análise metafórica das distintas manifestações desse elemento dinâmico da natureza: o ar.

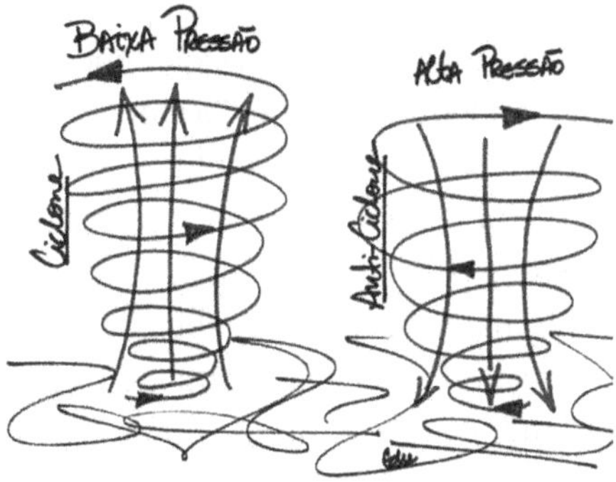

As associações imaginativas evidenciavam "atores soltos em meio às tempestades de ventos", "movimentos circulares", "relação com o chão", "linhas corporais em relação aos vetores de forças", diferentes exercícios de intensidades de forças, de velocidades, equilíbrio e relações com o espaço.

À medida que mais referências eram encontradas, as ideias que relacionavam o ator e o ar manifesto se estabeleciam com maior nitidez. Por exemplo: para as ciências atmosféricas, a definição de

7 G. Lakoff; M. Johnson, *Metáforas de la Vida Cotidiana*.

olho do furacão é a de "uma região relativamente calma, clara e quente"[8].

Relacionando esse aspecto com o trabalho do ator, "região relativamente calma, clara e quente" seria um lugar para o ator se colocar antes e depois da cena. Tal "lugar" é visto como um modo operacional que permite o confronto com as múltiplas referências, teorias e práticas, vivências e memórias acessadas no aqui e agora, no momento vivo do jogo de cena e da improvisação, como matéria processual a impulsionar a ação cênica.

Esse confronto possibilita a compreensão daquilo que faz sentido, algo novo que foi descoberto, e do que é preciso ser jogado fora. Entendido dessa maneira, o olho do furacão é um lugar para operacionalizar e organizar as experiências e criações dele resultantes. É um lugar anterior à ação inicial do campo experimentacional que a improvisação de cena permite, via experiência, tornar conhecido o desconhecido. Podemos perceber "o ator no olho do furacão" como uma região movediça, instável, um lugar de preparação para se lançar no caos criador e posteriormente retornar para organizar as descobertas. Visto a partir dessa ótica, não é um lugar para confrontar "saberes", mas para o ator saber que não sabe – que não sabe ainda, por hora! Essa região, então, é um lugar de início e de fim para as inúmeras, talvez, nunca finitas investigações que envolvem todo e qualquer processo de criação.

Como focamos o desenvolvimento da pesquisa na formação do artista teatral, motivados pela imagem que relaciona ator e furacão, uma questão pedagógica que veio à tona foi o conceito de currículo em espiral – referentes às pesquisas do psicólogo e pedagogo norte-americano Jerome Bruner. O conceito de aprendizagem em espiral permite que o aluno veja o mesmo tópico em diferentes níveis de profundidade e modos de representação.

A imagem desse currículo com sua forma espiralada, recheada de conceitos, ideias e práticas produtoras de memórias, nos leva

8 E. O. dos Santos, Furacão: Fúria da Natureza, *Cirrus*, n. 4, p. 30.

a relacionar esse aspecto da teoria de Bruner com outro de Constantin Stanislávski, que estabelece a "imaginação como condutora do processo de criação"[9].

Observando a figura abaixo, é possível notar algumas referências que julgamos essenciais para o nosso modo de proceder teatralmente.

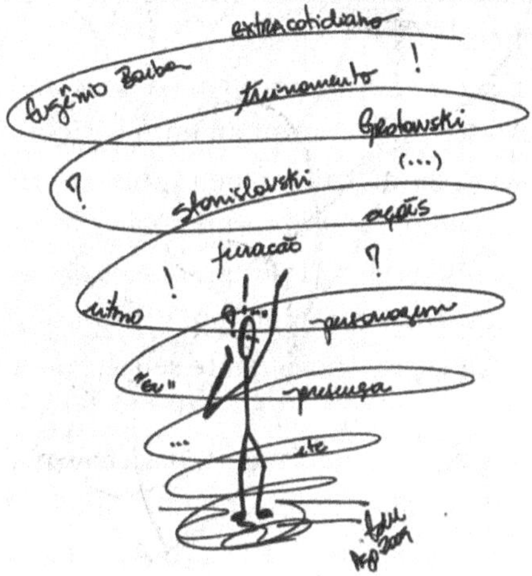

Na tríade Stanislávski, Jerzy Grotowski e Eugenio Barba, observamos três pilares fundamentais de uma tradição focada no ator-criador e na ação física. Notamos, ainda, que alguns princípios norteadores para os trabalhos de preparação e criação do ator, como treinamento, presença, ritmo, ações, extracotidiano, "eu" e personagem, e algumas ideias pertinentes à pesquisa, como furacão, exclamações, reticências e interrogações, podem se apresentar como possibilidade de enfrentamento entre ator/artista e os processos de preparação e criação, do conhecido para o desconhecido; *ad infinitum*.

9 *A Preparação do Ator*, p. 83.

A oposição conhecido/desconhecido pode ser relacionada com "o percurso padrão da aventura mitológica do herói"[10], no qual, ao partir de um suposto lugar seguro, o campo referencial, em um dado momento se confrontará com algo desconhecido, o novo, a pesquisa. Essa relação de confronto e superação potencializará as memórias necessárias para o enfrentamento do novo. Assim, o "herói" poderá completar a jornada retornando ao ponto de partida, que embora seja o lugar onde se iniciou a aventura, nunca mais será o mesmo lugar, pois a experiência sempre é transformadora. O "ser da experiência" nunca permanece o mesmo[11].

Como o fluxo da vida, continuamente o ciclo conhecido/desconhecido ocorrerá da mesma maneira que um rito de passagem relaciona separação/iniciação/retorno. Dessa forma, a jornada do "herói" está intimamente ligada aos processos de preparação e criação de todo artista. Todo caminho tem seus prazeres, indagações, momentos de estagnação e novamente seus arroubos de encontros e descobertas.

Buscar/tentar/seguir são princípios básicos e pertinentes a todo artista. Aquilo que se quer deve ser conquistado. Ao criador resta uma única saída: a criação. A frase "a tua água ninguém pode oferecer-te"[12] norteia a atitude que todo artista-criador deve ter. Ou seja, aquele que quiser se aventurar pelos caminhos do ator deverá arriscar-se e colocar-se em movimento. Os resultados de um processo de criação são as respostas possíveis – não as respostas certas, únicas, estáticas, mas pertinentes àqueles que se aventuraram na experiência e dela obtiveram as devidas respostas momentâneas.

10 J. Campbell, *O Herói de Mil Faces*, p. 36.
11 Cf. J. L. Bondía, Notas Sobre a Experiência e o Saber de Experiência, *Revista Brasileira de Educação*.
12 E. Barba, *A Canoa de Papel*, p. 74.

Metáforas

> Afirmamos que a maior parte de nosso sistema conceitual normal está estruturada metaforicamente; ou seja, a maioria dos conceitos se entende parcialmente em termos de outros conceitos. Isso planta uma importante questão sobre as bases de nosso sistema conceitual. Existe algum conceito que entendamos diretamente sem metáforas? Se não é assim, como é possível entender algo?[13]

A metáfora é aqui observada como sujeito essencial no estabelecimento dos estudos comparativos entre os aspectos contidos no ar manifesto e os distintos estímulos para o desenvolvimento dos processos de preparação e criação do ator: treinamentos psicofísicos, improvisações e criação de resultado cênico espetacular, visto que "a metáfora impregna a vida cotidiana, não somente a linguagem, mas também o pensamento e a ação"[14]. E ainda: "A essência da metáfora é entender e experimentar um tipo de coisa em termos de outra [...] O conceito se estrutura metaforicamente, a atividade se estrutura metaforicamente, e, em consequência, a *linguagem* se estrutura metaforicamente."[15]

Se, por um lado, nos apoiamos em alguns aspectos das teorias de Stanislávski, Grotowski e Barba, por outro, buscamos analisar, nas distintas manifestações do elemento ar, aspectos que possam servir de estímulos criativos potentes o suficiente para:

1. a releitura de exercícios e teorias;
2. particularizar um caminho;

13 G. Lakoff; M. Johnson, op. cit., p. 96.
14 Ibidem, p. 39.
15 Ibidem, p. 41

3. "entender e experimentar uma coisa em termos de outra"[16], utilizando o conceito metáfora como fundamento propiciador das relações e discussões observadas.

Somando-se a isso, a imaginação, capacidade nata de todo indivíduo e componente fundamental para o trabalho criativo, é outro elemento indispensável. Acreditamos que ela é peça-chave para que as infinitas combinações de ideias possam se estabelecer e, consequentemente, originar outros caminhos práticos e teóricos a partir das experiências anteriormente percorridas e estabelecidas.

Raciocinar e Relacionar são capacidades fundamentalmente humanas, nas quais estabelecer relações é de extrema importância para o desenvolvimento das faculdades cognitivas.

> As ideias de que nosso sistema conceitual é composto pela constante interação com o ambiente físico e cultural surgem parcialmente da tradição das investigações sobre o desenvolvimento humano iniciadas por Jean Piaget.[17]

Assim observado, o desenvolvimento do conhecimento é resultado das interações entre sujeito e meio, das relações e reações tecidas entre aspectos sociais, históricos e culturais experienciados, tendo como princípio que experiência "é o que nos passa, o que nos acontece, o que nos toca"[18].

Norteado por esse ponto de vista, o processo de ensinar/aprender, de modo aglutinado e não necessariamente nessa ordem, pois uma coisa retroalimenta outra, é responsável pela geração de conhecimento, descobertas e dúvidas, provenientes da interação entre sujeito (agente) e objeto (meio), ou seja, da experiência.

Na tentativa de investigar o desenvolvimento para entender os processos de preparação e criação artísticos, a arte muitas

16 Ibidem.
17 Ibidem, p. 36.
18 J. L. Bondía, op. cit., p. 21.

vezes utiliza-se de um proceder compreendido como pesquisa/criação, no qual as experiências formam e transformam o sujeito da experiência.

> Podemos ser assim transformados por tais experiências, de um dia para outro ou no transcurso do tempo. Pode ler-se outro componente fundamental da experiência: sua capacidade de formação ou de transformação. É experiência aquilo que "nos passa", ou que nos toca, ou que nos acontece. E, ao nos passar, nos forma e nos transforma. Somente o sujeito da experiência está, portanto, aberto à sua própria transformação.[19]

Na estreita relação entre experiência e processo de pesquisa/criação e da interação entre sujeito/teorias/práticas desenrolam-se compreensões distintas sobre objeto e sujeito (si mesmo; ele se forma e se transforma), um processo de coabitação, no qual formação/transformação/criação (não necessariamente nessa sequência) são impulsionadas pelo ato de experienciar, o que também ocorre via metáfora.

Na ampla pesquisa sobre o conceito de metáfora, o linguista George Lakoff e o filósofo Mark L. Johnson afirmam que: "a capacidade de atração intuitiva de uma teoria científica tem a ver com os acertos que suas metáforas se ajustam à experiência pessoal"[20]. E continuam: "As metáforas surgem de nossas experiências concretas e claramente delineadas, e nos permitem construir conceitos altamente abstratos e elaborados, como é o caso de um argumento."[21]

Como descrever em palavras, em raciocínio lógico, as diferentes maneiras de perceber e interagir com o mundo à nossa volta? Como traduzir as sensações tal qual as sentimos? É a metáfora que nos concede essa possibilidade.

19 Ibidem, p. 20-28.
20 G. Lakoff; M. Johnson, op. cit., p. 56.
21 Ibidem, p. 146.

Por exemplo, quando dizemos "apoiado" ou "norteado", utilizamos aquilo que Lakoff e Johnson denominam metáforas orientacionais. Elas possuem raízes na experiência física e cultural entre sujeito (agente/ser humano) e objeto (vida/cotidiano). Estas metáforas são assim descritas: "A maioria delas tem a ver com a orientação espacial: acima/abaixo, dentro/fora, frente/trás, profundo/superficial, centro/periferia [...] Existem muitas bases físicas e sociais para a metáfora."[22]

Outro exemplo clássico é a frase "Pegou a ideia?/Peguei a ideia!" Nela observamos a relação entre os aspectos atitudinais e cognitivos, nos quais o ato de pegar/agarrar identifica-se com o processo cognitivo de entendimento/compreensão conceitual.

> A metáfora é um de nossos instrumentos mais importantes para entender parcialmente o que não se pode entender em sua totalidade. Nossos pensamentos, as experiências estéticas, as práticas morais e a consciência espiritual. Estes produtos da imaginação não estão desprovidos de racionalidade, posto que utilizando a metáfora, utilizam a racionalidade imaginativa.[23]

Chapéu ou Jiboia que engoliu um elefante, do livro **O Pequeno Príncipe**.

Observamos uma região fronteiriça onde experiência pessoal e racionalidade imaginativa caminham concomitantemente com os processos de preparação e criação, formando e transformando teorias e práticas, o artista/indivíduo e seus conhecimentos.

22 Ibidem, p. 50-55.
23 Ibidem, p. 236.

Apoiados nessas relações, vale reiterar a importância da imaginação no processo criativo e recitar Stanislávski: "Se nunca esteve, crie a situação imaginariamente. Às vezes se pode viver com mais intensidade e nitidez na imaginação do que na realidade."[24]

Relações [Associações de Ideias] – O Que É e o Que Não É Apenas!

Algumas proposições norteadoras:

"A imaginação, aquilo que não existe, é o princípio de tudo o que existe [...] é na terra do que não existe, chamada imaginação, que a inteligência bate asas."[25]

"Se a experiência é o que nos acontece, e se o sujeito da experiência é um território de passagem, então a experiência é uma paixão."[26]

"Vimos que muitas de nossas experiências e atividades são de natureza metafórica, e que grande parte de nosso sistema conceitual está estruturado por metáforas."[27]

Queremos ainda esclarecer possíveis equívocos sobre o objeto investigado. Para isso, delimitaremos um campo de relações entre as manifestações observadas e o trabalho de preparação e criação do ator, estabelecendo as associações possíveis mais pertinentes. Partiremos das seguintes questões norteadoras: à primeira vista, o que revelam os enunciados "o ar manifesto" e "o ator no olho do furacão"? Que imagens, relações e estímulos são capazes de provocar na imaginação?

Alguns desdobramentos e suas definições norteadoras:

24 C. Stanislávski, op. cit., p. 316-317.
25 R. Alves, Vamos Construir uma Casa?, *Folha de S.Paulo*, 11 de maio de 2010.
26 J. L. Bondía, op. cit.
27 G. Lakoff; M. Johnson, op. cit.

Olho do Furacão

– O ator no olho do furacão é uma imagem metafórica que coloca em relação o ator e um campo de ideias específico.
– Segundo as ciências atmosféricas, reiterando, "o olho do furacão é uma região relativamente calma, clara [...], sendo relativamente quente [...] A parede do olho é uma região formada por densas nuvens [...] onde são observados os ventos mais intensos e chuva forte"[28].
– Para o trabalho do ator, tal região é vista como um lugar – espaço/tempo – para se colocar antes e depois das distintas experiências propiciadas pela cena. Primeiro, para se entrar em contato com os supostos conhecimentos (preparação) e, então, partir para o enfrentamento do desconhecido (investigação/improvisação). Segundo, para reorganizar tudo aquilo que era desconhecido e que, pela experiência, foi transformado em conhecido (investigação/descobertas/reorganização de nova preparação) – continuamente, *ad infinitum*.

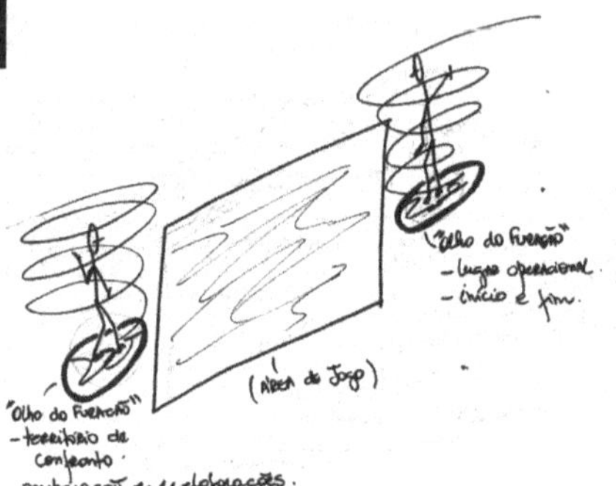

Visto dessa maneira, o olho do furacão é um lugar operacional, de preparação e reorganização das experiências reveladas pela prática da cena.

28 E. O. dos Santos, op. cit., p. 30.

O Ar Manifesto

O ar manifesto está diretamente relacionado com as escalas Beaufort e Saffir-Simpson. A primeira foi desenvolvida por Francis Beaufort "associando os diferentes tipos de estágios do estado do mar e a intensidade dos ventos", a segunda "baseia-se no princípio da escala Beaufort e leva em consideração a velocidade dos ventos sustenidos, a pressão atmosférica no interior do 'olho' e os danos causados pelos furacões"[29].

O ar manifesto é um campo de ideias com o qual o ator deve jogar a partir das relações observadas pelas associações de ideias contidas nas sugestividades dos distintos estados do elemento ar.

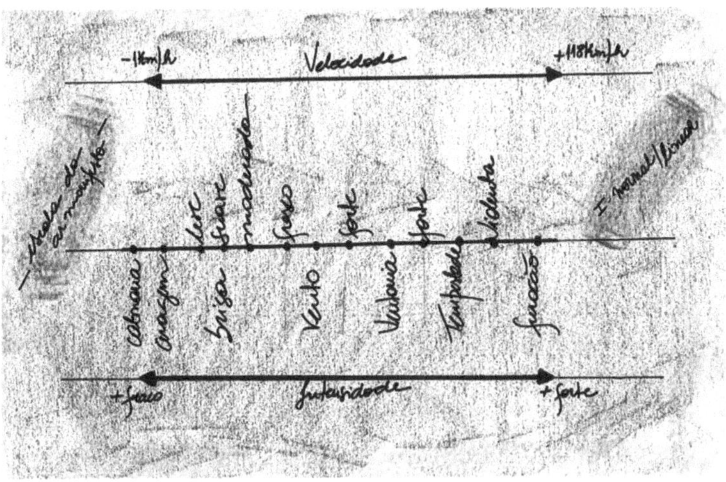

Escalas do Ar Manifesto = Velocidade (ritmo) × Intensidade (força): metáforas e estímulos norteadores para o trabalho do ator, observados nos diferentes estados do ar manifesto. As

29 M. Kobiyama et al., op. cit., p. 62 e 74, respectivamente.

sugestividades nessas escalas permitem várias possibilidades de combinações: normal/linear, invertida/oposição ou caótica/desordenada.

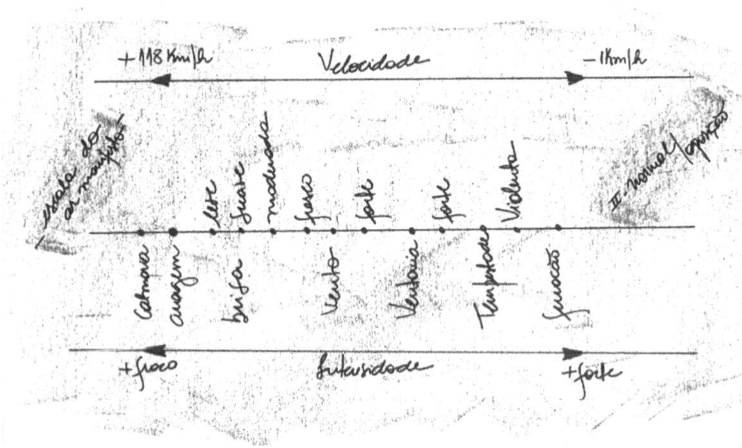

Constantin Stanislávski observa a importância do

> [...] uso do se como alavanca para nos erguer da vida cotidiana ao plano da imaginação [...] A arte é produto da imaginação [...] O ator deve ter por objetivo aplicar sua técnica para fazer da peça uma realidade teatral. Nesse processo o maior papel cabe, sem dúvida, à imaginação[30].

E acrescenta que "o método de criar tanto a vida física quanto espiritual [...] a base do êxito desse método estava toda nos mágicos ses e circunstâncias propostas"[31].

Apoiar-se no "se mágico" e nas "circunstâncias propostas" para se relacionar com os aspectos contidos na escala do ar manifesto possibilita ao ator alimentar-se, além dos aspectos velocidade e intensidade, das sugestividades contidas nos diferentes estados

30 *A Preparação do Ator*, p. 81.
31 Ibidem, p. 168 (grifo do autor).

do elemento ar. Ao experienciar, ele pode chegar a manipular o "*bios* pessoal" em "*bios* cênico"[32] e codificar um comportamento equivalente às qualidades observadas para, posteriormente, utilizar essa experiência em diferentes trabalhos de preparação e criação atoral.

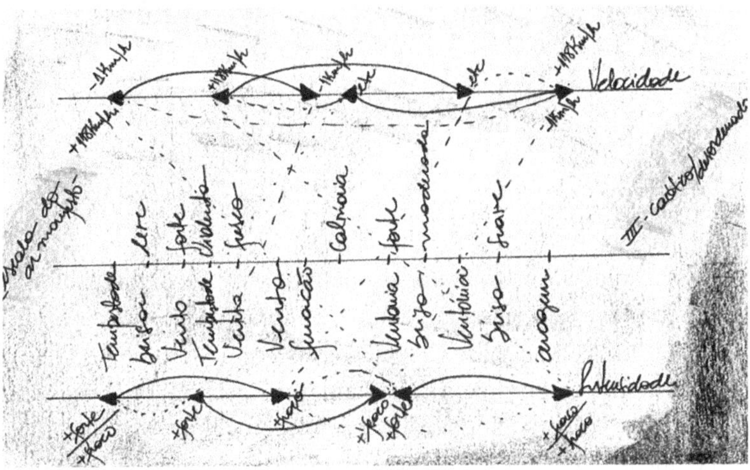

Sistemas de Alta e Baixa Pressão Atmosférica

Os sistemas de alta e de baixa pressão atmosférica revelam importantes aspectos vetoriais: circulares, espiralados e verticais, ascendentes e descendentes. Associando essas imagens ao trabalho do ator, originaram-se as seguintes possibilidades:

32 E. Barba; N. Savarese, *A Arte Secreta do Ator*, p. 188.

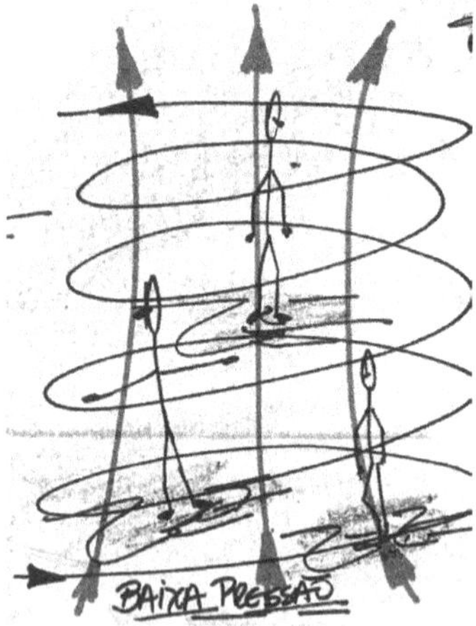

Essas imagens originaram-se a partir do que George Lakoff e L. Mark Johnson denominaram como metáforas orientacionais já aqui citadas: "Essas orientações espaciais surgem do fato de que temos corpos de um determinado tipo e que funcionam tal qual em nosso meio físico."[33] Imaginando o ator em relação a essas manifestações específicas e apoiados na ideia das metáforas orientacionais, traçamos alguns paralelos entre corpo e espaço.

Para esse campo de ideias/pressões atmosféricas, definimos que o trabalho do ator na alta pressão o impele a explorar possibilidades de se relacionar com o chão, utilizando para isso diferentes apoios corporais, já que a pressão atmosférica exercida sobre os corpos é no sentido vertical, de cima para baixo. Ao contrário, na baixa pressão, o sentido vertical é de baixo para cima, o que obriga os corpos a elevarem-se do chão e relacionarem-se com ele a partir da menor superfície de contato, permitindo um campo de pesquisa relacionado ao equilíbrio[34].

■ ■ ■

33 Op. cit., p. 50.
34 E. Barba; N. Savarese, op. cit., p. 34-53.

Consciência Espacial

Estabelecido que a verdade de uma afirmação depende se as categorias empregadas nela são apropriadas, ela sempre será relativa à maneira como entendemos as categorias, de acordo com nossos objetivos em um determinado contexto[35].

O contexto delineado relaciona-se estreitamente com os estímulos norteadores para os trabalhos de preparação e de criação do ator. Nesse enquadramento, uma das preocupações diz respeito à consciência espacial. Além do sistema de pressões atmosféricas observado, as descrições do ar manifesto contidas na Escala Beaufort sugerem outras associações de ideias.

Como se relacionar com o espaço cênico de modo consciente e expressivo é uma de nossas atenções. Na análise das manifestações do elemento ar, observamos pelo menos quatro vetores direcionais: circulares, verticais, horizontais e caóticos/desordenados.

Os vetores circulares manifestam-se como redemoinhos, tufões, tornados e furacões, girando nos sentidos horário e anti-horário. Os verticais aparecem nos sistemas de alta e baixa pressões atmosféricas. Os horizontais estão contidos no amplo espectro da calmaria ao furacão. O caótico/desordenado está principalmente nas ventanias e tempestades. Por não possuírem uma direção regular, ocorrem de modo abrupto, mudando de trajetória, qualidade, intensidade e velocidade, de modo surpreendente.

Esse "campo de ideias: direção" é colocado em jogo nos processos de preparação, experimentação e criação. Eles devem contribuir para o ator relacionar-se com o espaço cênico, como se fosse possível estabelecer um diálogo entre corpo e espaço, no qual as direções orientadas pelos vetores possibilitem utilizar o espaço de forma expressiva e, principalmente, consciente.

35 G. Lakoff; M. Johnson, op. cit., p. 207.

Outras Sugestividades

> A razão pela qual nos centramos tanto na metáfora é a união da razão e da imaginação. A razão supõe categorização, implicação, inferência. A imaginação, em um de seus muitos aspectos, supõe ver um tipo de coisa em termo de outro – o que chamamos pensamento metafórico. A metáfora é, assim, racionalmente imaginativa[36].

Segundo as ciências atmosféricas, são treze as designações observadas na Escala Beaufort para o ar manifesto: calmaria, aragem, brisa leve, brisa suave, brisa moderada, vento fresco, vento, vento forte, ventania, ventania forte, tempestade, tempestade violenta, furacão[37]. Todas elas ocorrem de modo composto, ou seja, cada fenômeno se caracteriza por uma determinada intensidade de "força, velocidade e efeitos".

Esses aspectos são considerados estímulos para o desenvolvimento dos trabalhos de preparação e criação do ator, compreendendo-os da seguinte maneira:

- designações como estados psicofísicos; qualidades da ação, que vão da calmaria ao furacão;
- força como esforço; tônus;
- velocidade como ritmo; relação espaço-tempo; sendo tempo empregado no sentido de duração;
- efeitos como descrição de comportamento.

No ar manifesto observamos os estímulos fundamentais para impulsionar o trabalho de criação do ator. Segundo o *Dicionário Aurélio da Língua Portuguesa*, "estado" significa "o modo de ser ou

36 Idem, p. 235-236.
37 Cf. Tabela em M. Kobiyama et al., op. cit., p. 63-64.

estar", e é possível entender perfeitamente uma orientação do tipo "você deve ser como a brisa": suave, dócil, leve, etc., e ainda ter noção do tipo de comportamento, do estado de ânimo e inclusive do esforço e tônus.

> Estamos vendo que a verdade é relativa à compreensão, o que significa que não há um ponto de partida absoluto em que possam obter verdades objetivas absolutas sobre o mundo. Isto não quer dizer que não há verdades; significa somente que a verdade é relativa a nosso sistema conceitual, que se baseia em nossas experiências e nas de outros membros de nossa cultura e está sendo constantemente posta à prova por elas em nossas inter-relações diárias com outras pessoas e nosso ambiente físico e cultural.[38]

Memórias afetivas ou que nos afetam? Experiências que nos formam ou nos transformam? Um campo de ideias comum é visto como uma matéria para o jogo que impulsiona os processos de formação e de criação [do ator].

38 G. Lakoff; M. Johnson, op. cit., p. 236.

2.

Imaginação, Entrega e Equivalência

Princípios Norteadores das Fases de Preparação e Criação

As pesquisas sobre a imaginação são dificultadas pela falsa luz da etimologia. Pretende-se sempre que a imaginação seja a faculdade de formar imagens. Ora, ela é antes a faculdade de deformar imagens fornecidas pela percepção, é sobretudo a faculdade de libertar-nos das imagens primeiras, de mudar as imagens.

GASTON BACHELARD, *O Ar e os Sonhos*

É certo que a validade de nossos encontros e desejos não constitui verdades absolutas. Afinal, o que é a verdade, senão aquilo que norteia as relações e se faz valer com certa eficácia a um grupo de indivíduos específicos? Se um coletivo de indivíduos constitui uma pequena sociedade, as regras do jogo devem ser válidas ao grupo que joga. Por isso mesmo, as indagações e colocações que se seguem, suas possíveis respostas e as nunca finitas lacunas foram encontradas dentro de um enquadramento específico, experienciado por um grupo de indivíduos que se lançou em uma mesma "aventura"[1] , não obtendo apenas percepções

1 J. Campbell, *O Herói de Mil Faces*, p. 57.

e resultados comuns, mas também experiências e percepções individuais.

Um coletivo de indivíduos se lançar em uma mesma aventura não é garantia de que todos os envolvidos terão as mesmas percepções, muito menos os mesmos resultados. Aliás, constatamos que uma das verdades sobre todo e qualquer treinamento coletivo é a de que as propostas e regras norteadoras são as mesmas, mas o embate que se estabelece é individual. Cada um se depara com os seus limites, seus "senões" e suas mazelas. Desse modo, ao "ser convidado" a atravessar as barreiras que se apresentam como desafios, as escolhas devem ser feitas – o indivíduo pode ampliar seus limites ou fugir do "caminho de provas"[2] que todo processo de criação também o é.

Embora criatividade seja vista como matéria essencial para todo artista, ela não é garantia de criação por si só. Criatividade enquanto conceito parece possuir um aspecto de anterioridade em relação à criação. Observando com atenção as terminologias, é possível perceber as tensões que as colocam em relação: uma é objeto do mundo das ideias, do imaginário, referente ao ser imaginante; a outra, ao contrário, é mais próxima da ação enquanto realização concreta das potências do ser da ação: o indivíduo.

"No indivíduo confrontam-se, por assim dizer, dois polos de uma mesma relação: a sua criatividade que representa as potencialidades de um ser único, e sua criação que será a realização dessas potencialidades."[3] É pela realização do ato que se desenvolve o trabalho do ator. É pela ação vivaz, pulsante e atenta que o ator-artista-criador acontece. Ser imaginante e ser da ação: observados de modo coexistentes, em que ambos se necessitam, se desejam e se retroalimentam. A ação, em si mesma, pode ao mesmo tempo criar e gestar a criação, potencializando matérias imaginativas capazes de

▪▪▪

2 Ibidem, p 102.
3 F. Ostrower, *Criatividade e Processos de Criação*, p. 5.

impulsionar a própria ação criativa – a imagem metafórica para essa ideia se relaciona a uma máquina de movimento perpétuo.

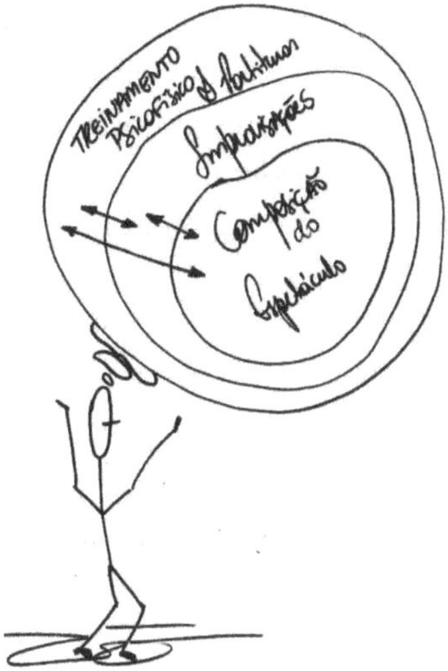

O ator e o teatro comungam da mesma particularidade: pertencem à fenomenologia, existem dentro de um certo tempo e espaço, realizam-se pelo ato, no acontecimento. De seus resultados artísticos configuram-se os "eventos cênicos" desejosos de serem percebidos, pois sua essência é a de se fazer significar e afetar a percepção de quem vê – seja este um espectador avisado ou não.

O evento cênico, entendido como toda e qualquer manifestação que, por algum aspecto enquadra-se no panorama das artes cênicas ou, simplesmente, a ação que se desenrola frente aos olhos de quem a vê, deve ser possuidor de uma certa poesia, de uma "poética" particular, referente à linguagem específica que está sendo utilizada ou investigada. A poética cênica relacionada às nossas investigações esteve ao lado de princípios observados pela dança, como os aspectos coreográficos e gestuais, cenas que se parecem mais com "núcleos de ações" que se apresentam ora de modo mais abstrato – o que obriga o receptor a preencher as lacunas com a sua imaginação ativa –, ora bastante fechados, com situações dramáticas mais concretas.

A percepção torna possíveis os afetos. Como reação direta, a imaginação é provocada a partir dos estímulos. Como consequência, pode gerar impulsos potentes o suficiente para promover o ato criador, a ação criativa e criadora, concomitantemente. "Ato criador" como "ato poético" são compreendidos da seguinte maneira:

> Ato poético e imagem poética são aqui tomados não como atos e imagens criativos apenas, mas sim como atos e imagens criadoras. Essa distinção não é uma simples sutileza das palavras, pois o ato e a imagem poéticos se ligam à criação e não somente à criatividade. Se esta última pode ser associada a belos e instigantes rearranjos de coisas já existentes, *a criação é sempre inaugural*.[4]

As situações dramáticas dizem respeito a uma matéria que, a partir de certo entendimento, permite ao ator o jogo improvisacional, experimentando e desenvolvendo as cenas a partir de improvisações. Esse caminho, simétrico à "análise ativa [das] circunstâncias propostas"[5] pelas situações dramáticas observadas na "base ficcional", propicia o desenvolvimento e aprendizagem do ator. Sendo que, base ficcional é aqui compreendida como o amplo espectro de estímulos para o desenvolvimento de resultados cênicos – texto dramático, literatura [contos, poesia, noticias de jornais, etc], temas etc.

Em nosso processo de pesquisa/criação, a análise circunstancial se deu em vários níveis: nos treinamentos físicos e seus exercícios derivados das distintas associações de ideias observadas nas

4 W.M. Oliveira Júnior, Imaginação e Pesquisa, *Educ. Social*, p. 1238 (grifo do autor).
5 C. Stanislavski, *A Criação de um Papel*, p. 58.

particularidades do ar manifesto; nas elaborações de sequências de movimentos e linhas de ações – posteriormente denominadas "partituras de ação"[6] –, que tiveram como norte as seleções das figuras corporais extraídas dos vários exercícios que utilizamos para desenvolver o "campo de ideia: treinamento"; na montagem do evento cênico *Outra Sina de Existir*, resultado das improvisações de cenas, estimuladas pelos inúmeros temas extraídos do conto "A Terceira Margem do Rio".

As sequências de movimentos elaboradas por meio dos treinamentos físicos originaram-se com qualidade muito próxima a uma coreografia, e precisavam ganhar outras camadas para transformarem-se em ações físicas. Esse desejo de transformar as qualidades dos movimentos em ações físicas originou-se pelo fato de acreditarmos que na ação física há um residual enigmático, possuidor da natureza da essência humana:

Consideramos ação física, gesto e movimento de modo complementar e específico. Específico porque cada um possui a sua particularidade e define-se a si mesmo. Complementar porque cada um é portador de uma parcela dos traços dos outros: enquanto a ação física também é composta por gestos e movimentos, em sua essência ela deve possuir intenção; o gesto, embora possa ter intenção clara, é fechado em si mesmo, tende ao "signo [...] aquilo que, sob certo aspecto ou modo, representa algo para alguém"[7]. Por sua vez, o movimento é entendido em suas formas abstratas ou plásticas – como na dança e na ginástica.

Para alcançar tal objetivo, os treinamentos foram compostos de estudos de impulsos, intenções, objetivos e associações de ideias, para que assim, pouco a pouco, essas qualidades se instalassem no comportamento cênico do ator.

O residual enigmático pode estar contido em uma pausa, em um espaço de tempo que ocorre entre possibilidades. Como algo

6 E. Barba, *A Canoa de Papel*, p. 163.
7 Charles S. Peirce, *Semiótica*, p. 46.

que está latente, mas ainda não veio à tona; uma qualidade observada em um comportamento que não se revela de modo óbvio. Por exemplo: de longe, a imagem de um homem parado, sozinho, sentado em um banco, abarca em si potências infinitas de ser e de vir a ser. Esse homem, de fato, está parado? O que se passa em seus pensamentos? O que lhe aconteceu antes de estar ali? Qual é o ritmo de seus batimentos cardíacos? Para onde ele vai? O que ou quem ele espera? Ou de quem ou do que ele foge? Esse todo que compõe a unidade do ser não é ação física? Podemos concluir que esse momento é muito próximo a uma inação, um hiato, uma pausa, mas encontramos uma definição mais pertinente: *ma*.

> Os japoneses chamam esses espaços ou tempos intersticiais de *ma* [...] Originalmente, era usado unicamente para referir-se a espaço, mas passou a designar igualmente o tempo. Pode ser traduzido por espaço, espaçamento, intervalo, lacuna, vão, lugar, interrupção, pausa, tempo, ocasião ou abertura.[8]

A imaginação pode ser aqui compreendida como *ma*, uma matéria não palpável, localizada entre o ser e o vir a ser, o que permite relacionar universos subjetivos e objetivos, provocando a criatividade e impulsionando a criação.

A partir da ideia de imaginação como porta de entrada para se enveredar pelos terrenos da criação, nos deparamos com outra questão importante para o trabalho do ator: a entrega.

A entrega está intimamente ligada à atitude do ator ao colocar-se, mostrar-se, deixar-se ver de maneira íntegra, sincera e verdadeira. Poderíamos pensar que o simples desejo de ser ator já seria o suficiente para promover e impulsionar essas atitudes, fazendo com que o indivíduo agisse por inteiro, mas não é bem assim.

Notamos que no início de sua formação ou quando inseridos em um novo grupo, os atores passam por um enfrentamento consigo

8 V. Capranzano, Horizontes Imaginativos e o Aquém e Além, *Revista de Antropologia*, v. 48, n. 1, p. 373.

mesmo – suas fragilidades, expectativas, receios e os olhares de todos os outros inseridos no mesmo processo coletivizado de criação, que se refere ao caráter coletivo do fazer teatral. Depois, inicia-se uma jornada em que a percepção individual deve mudar de foco e voltar-se para o caráter coletivo do processo de trabalho. Nesse jogo, o "eu" e o "outro" vivem um eterno confronto proposto pelas relações, que poderão ou não se estabelecer e amadurecer a partir dos inúmeros treinamentos, exercícios, vivências, análises, discussões, improvisações, olhares, dúvidas e descobertas que o processo criativo pode provocar.

Visto desse modo, o processo de criação deve propiciar aos indivíduos um território de confronto em que os laços construídos pelos afetos podem potencializar "a capacidade de estar ali", frente a outros e de maneira sincera, ou simplesmente, entregue! Os laços construídos pelos afetos relacionam-se aqui não apenas às relações entre os indivíduos, mas também entre eles e os campos de ideias que o processo de criação potencializa em cada um dos envolvidos, a partir da relação com as distintas matérias que compõem a sistemática de criação: treinamentos psicofísicos e partituras, improvisações e composição do espetáculo.

"Digamos assim: o processo da sinceridade de si deve ser controlado na medida em que, sem ele, o desenvolvimento do ator poderia ser perturbado."[9] Questão de controle ou cuidado, a entrega também se relaciona à sinceridade e à verdade, tão essenciais para o ator, mas acrescentando ainda uma qualidade distinta: a atitude de estar por inteiro, absorto, doando-se ao outro e à ação cênica que se desenrola e deve ser absorvida pelo jogo teatral, livre de autodefesas, autocríticas e pré-julgamentos que possam bloquear a ação integral do/de ser.

Para exercitar e cultivar essa qualidade, utilizamos a meditação ativa Giro Sufi[10]. Quando pensamos "meditar", as primeiras

9 J. Grotowski, Lo que fue, *Revista Máscara*, p. 45.
10 Osho, *Meditação: A Primeira e Última Liberdade*, p. 67. A meditação Giro Sufi está descrita aqui em Treinamentos: Descrição dos Exercícios, p. 104.

associações relacionam a imagem de alguém sentado. Porém, as meditações às quais nos referimos aqui focam seu desenvolvimento em um modo de proceder ativo, pela experiência de uma ação que potencializa a ampla possibilidade de ser, seus vigores e estados psicofísicos. O silêncio é visto como um sentar meditativo, que também acontece, mas após o esforço proposto pela experiência. As meditações são uma "técnica". Observamos nas meditações ativas[11] a possibilidade de exercitar a integridade psicofísica: corpo-mente visto como unidade, como o próprio ser; e não como uma coisa dual, separada, cindida.

> A meditação faz apenas uma coisa: destrói todas as barreiras que a sociedade criou [...] Ela simplesmente remove bloqueios. Sua função é negativa: ela remove as pedras que estão impedindo suas águas de correrem, impedindo suas nascentes de se tornarem vivas.[12]

Essa "função negativa" faz paralelo direto com a ideia grotowskiana de "via negativa", na qual o ator deve saber o que o emperra de executar sua ação por inteiro:

> O ator deve descobrir as resistências e os obstáculos que o impedem de atingir uma tarefa criativa. Os exercícios são um meio de superar impedimentos pessoais. O ator deve saber o que o bloqueia, deve adaptar-se pessoalmente aos exercícios para encontrar uma solução que elimine os obstáculos que em cada um são distintos. Isso é o que significa a expressão via negativa: um processo de eliminação.[13]

11 Ibidem, p. 15.
12 Ibidem, p. 9.
13 J. Grotowski, *Hacia Un Teatro Pobre*, p. 94.

Nesses sentidos revelados, conseguimos enquadrar as qualidades contidas na entrega que queremos desenvolver. É certo que ela deve ser sincera e verdadeira, mas somente isso, às vezes, não é potente o suficiente para fazer com que o ator seja por inteiro. Por isso, é necessário que as experiências possam promover descobertas e reconhecimentos – ou o reencontro com as potencialidades adormecidas. "A meditação é simplesmente um artifício para torná-lo consciente de seu verdadeiro eu – que não é criado por você, que não precisa ser criado por você, porque você já é. Você é ele! Ele precisa ser descoberto."[14]

Descobrir-se é uma aventura e o processo de criação é também esse lugar do autoconhecimento. A imaginação e a entrega são duas qualidades a serem cultivadas com carinho especial e atenção redobrada nos treinamentos de atores, para que se mantenha viva "a chama da espontaneidade"[15].

Com essas qualidades despertas, iniciamos os trabalhos de elaborações simbólicas referentes ao ator e ao teatro. Essa fase foi derivada diretamente das associações de ideias e seus desdobramentos relacionando o princípio de equivalência: "É preciso que a ideia da coisa seja representada por uma outra coisa."[16] E ainda: "É o oposto da imitação, reproduz a realidade por meio de outro sistema. A tensão do gesto permanece, mas ela é *deslocada* para outra parte do corpo."[17]

Esse princípio transformou-se em modo plural. Em nossas investigações deveríamos encontrar os equivalentes para os inúmeros processos desencadeados, primeiro pela análise das metáforas contidas no ar manifesto, depois naquelas incutidas nas entrelinhas da base ficcional escolhida para convergir as distintas camadas sistêmicas relativas ao fenômeno teatral.

Equivalência relaciona-se, também, a:

...

14 Osho, op. cit., p. 10.
15 J. Grotowski, Lo que fue, op. cit., p. 40.
16 E. Barba, op. cit., p. 51.
17 E. Barba; N. Savarese, *A Arte Secreta do Ator*, p. 96.

1. Metáforas observadas na base ficcional;
2. Elaborações das linhas de ações dos atores – que deveriam justapor as partituras elaboradas via treinamento psicofísico com as cenas estruturadas a partir das improvisações dos temas extraídos da base ficcional;
3. Instalação da base ficcional no conjunto de ideias relativo ao evento cênico *Outra Sina de Existir*;

O trabalho do ator aqui desenvolvido colocou em jogo essas ideias contidas no princípio de equivalência para o estabelecimento de suas composições cênicas. É possível que mesmo assim o espectador "leia" personagem na ação que se desenrola à sua frente? Acreditamos que, também, sim, pois é certo que o espectador espere alguma coisa que possa corroborar seu sistema simbólico ao se deparar com uma ação que o pressupõe como receptor ativo, operando sentidos necessários ou suficientes àqueles que se propunham operar na busca pela efetivação do elo entre a ação cênica e a plateia.

"Frequentemente o ator tenta proceder do abstrato ao concreto. Acredita que o ponto de partida pode ser constituído de algo a expressar, o qual mais tarde implicaria as técnicas adequadas para expressá-lo."[18] O conto "A Terceira Margem do Rio" é potente o suficiente para afetar nosso imaginário e seu infinito campo referencial – as paisagens que são descortinadas, os mistérios de cada indivíduo, as incógnitas contidas nas entrelinhas, nas palavras intraduzíveis fora do contexto específico do universo de Guimarães Rosa. Tais elementos são portadores das poéticas do silêncio e da imensidão humana, mistérios apaixonantes para qualquer artista se envolver, imaginar e criar. É assim que acreditamos que devam ser as matérias motoras do processo de criação: apaixonantes! Capazes de afetar todos aqueles que com elas irão se confrontar em todas as fases da criação.

18 E. Barba, op. cit., p. 52.

E aqui, no final destas palavras, retornamos ao início da escrita, ao perceber, outra vez, o que de início nos moveu: Estamos construindo memórias!

Todos esses relatos sobre o vivido, o experimentado e experienciado... São memórias que serão contadas, recontadas e reinventadas todas as vezes que forem lembradas e colocadas em ação para que delas se derivem e se escrevam outras histórias. Ao serem contadas e praticadas acabarão reinventadas e rearticuladas pelos indivíduos que com elas se colocam em relação – e esta é sem dúvida uma boa maneira de diálogo entre tradição e modernidade, que independentemente de gerar algo novo, contribui com a renovação das práticas contemporâneas referentes à arte do ator.

3.

Matérias Manipuláveis e Suas Transfigurações Cênicas

A historiografia do teatro revela inúmeros e distintos processos de pesquisa e criação, o que nos leva a considerar que, independentemente dos motivos e percursos escolhidos para as elaborações de resultados cênicos espetaculares, todos são portadores de certa eficácia. Se diferentes processos e procedimentos são experimentados desde o desenvolvimento de investigações criativas até o confronto com os espectadores, podemos afirmar que bases ficcionais e biográficas de naturezas diversas também colaboram com as produções das textualidades dos eventos cênicos contemporâneos. Para o desenvolvimento deste livro, o texto de caráter literário apresentou-se como texto de partida, pré-texto ou pretexto, uma matéria utilizada na construção de outras dramaturgias e suas consequentes transfigurações cênicas.

Breve Panorama: A Encenação

A utilização da narrativa literária como fonte de dramaturgia remete a uma vertente no teatro contemporâneo, inscrevendo-se no conjunto de buscas que a arte teatral empreendeu durante todo o século XX para superar a submissão da construção do espetáculo às obras previamente concebidas para

> a representação e criar, a partir de diferentes experimentos, dramaturgias que propiciem um deliberado afastamento de modos tradicionais de conceber a cena como desaguadouro de uma escrita previamente elaborada com este fim.[1]

A partir do surgimento do encenador nas últimas décadas do século XIX, o texto dramático, que até então era condição quase irrestrita para o processo de criação teatral, perde sua supremacia e passa a ser visto como mais um dos vários elementos constituintes do fenômeno teatral. A verdadeira encenação "dá um sentido global não apenas à peça representada, mas à prática do teatro em geral. Para tanto, ela deriva de uma visão teórica que abrange todos os elementos componentes da montagem: o espaço (palco e plateia), o texto, o espectador e o ator."[2]

Como decorrência da continuada especialização do encenador, um ponto de virada fundamental na relação entre texto dramático e prática teatral ocorre a partir da segunda metade do século XX, com a quebra da linearidade narrativa. Se antes ela abarcava um sentido único, fechado em si mesmo, a ideia agora passa a ser a utilização de métodos anti-ilusionistas ou antinarrativos para retirar do espectador o processo de identificação com a obra.

"Em arte, ilusionismo é a capacidade de conectar o espectador com um nível diegético, ou seja, de identificação e de relacionamento com a obra."[3] Se a narrativa linear pode promover um processo de identificação entre espectador e obra, o que se procura no teatro, a partir de então, é a busca por narrativas híbridas, que construam seus significados e sentidos na relação entre cena e espectador.

> Uma narrativa que incorpora sobreposições, fragmentações, repetições, simultaneidade de tempo e espaço – enfim, todo

1 M.H. Wernec; M.J. Brilhante, *Texto e Imagem*, p. 68.
2 J. Roubine, *A Linguagem da Encenação Teatral*, p. 24.
3 K. Canton, *Narrativas Enviesadas*, p. 21.

> o jogo que pode fornecer elementos para a criação de uma obra de sentido aberto, que se constrói durante a relação com o outro, com o público, com o leitor, com o observador.[4]

Quando a narrativa deixa de figurar como objeto central para o processo de elaboração do fenômeno teatral, uma lacuna se abre para outras matérias contribuírem como ponto de partida e estímulo no desenvolvimento de resultados criativos dos eventos cênicos. Hoje, é possível afirmar que todo e qualquer estímulo – textual[5], temático ou ligado às ideias de projeto e seus consequentes objetos de investigações, podem servir como pretexto para a criação de um evento cênico.

Em 1975, o dramaturgo e escritor alemão Heiner Müller afirmou em uma entrevista: "Estou persuadido de que a literatura serve para resistir ao teatro. Tal como o teatro está condicionado, só um texto impraticável torna-se produtivo e interessante para ele."[6] O teatro, sendo uma linguagem específica, para não morrer e se transformar, deve buscar caminhos e relações com a sua época e seus distintos contextos, para transfigurar-se em resultados cênicos que considerem, além das possíveis relações com outras artes, o espectador como um agente construtor de sua realidade.

As narrativas não lineares provocam uma compreensão não direta, um modo de operar relacionado à "arte da não compreensão"[7], uma via negativa, na qual o espectador, ao não compreender facilmente aquilo que se desenrola à sua frente, precisa encontrar respostas possíveis, optar e preencher ativamente os espaços abertos com o seu imaginário. Esta característica permite não apenas uma, mas inúmeras leituras!

...

4 Ibidem, p. 37.

5 Sejam eles de caráter literário, jornalístico, poético, autobiográfico, midiático de naturezas diversas. No panorama teatral do mundo e também brasileiro, observamos algumas textualidades configurando-se a partir de sites de relacionamentos, por exemplo.

6 A. Materno, Isto Não é Um Espetáculo, *Folhetim*, n. 28, p. 50-61.

7 S. Baumgärtel, Em Busca de uma Teatralidade Textual Performativa Além da Representação Dramática, em E. Mostaço et al. (orgs.), *Sobre Performatividade*, p. 127.

Texto Literário Como uma Matéria Manipulável: Inúmeras Leituras

> Quando escrevo repito o que já vivi antes. E para essas duas vidas, um léxico só não é suficiente. Em outras palavras, gostaria de ser um crocodilo vivendo no rio São Francisco. Gostaria de ser um crocodilo porque amo os grandes rios, pois são profundos como a alma de um homem. Na superfície são vivazes e claros, mas nas profundezas são tranquilos e escuros como o sofrimento dos homens.[8]

Uma das matérias manipuláveis pelo processo de pesquisa e criação do evento cênico *Outra Sina de Existir* foi o conto "A Terceira Margem do Rio", de João Guimarães Rosa, utilizado como "texto de partida" e/ou [pre]texto.

Análises Textuais

Quando nos deparamos com um texto que nos arrebata, apercebemos que ele é portador de certa potência que, de alguma maneira, age despertando e fisgando nosso interesse. Cremos que esse é um aspecto fundamental para o desenvolvimento de um trabalho de pesquisa e criação.

A partir das primeiras leituras e do relacionamento com o texto, algumas questões começam a se apresentar como norteadoras das ações criativas. Das análises do conto "A Terceira Margem do Rio", alguns aspectos emergiram, trazendo à tona o que, de algum modo, se escondia e ao mesmo tempo pulsava nas entrelinhas.

8 A. Nogueira Jr., Resumo Biográfico e Bibliográfico. Guimarães Rosa, *Releituras*. Disponível em: <http://www.releituras.com/guimarosa_bio.asp>.

Imediatamente, o que o texto revela? O que permanece escondido nas entrelinhas e será revelado aos poucos, ao longo do processo de criação e relacionamento íntimo com o texto e as suas subjetividades?

É preciso considerar o modo, ao mesmo tempo, sintético e altamente complexo contido na escrita de João Guimarães Rosa. Se o leitor deixar-se invadir pelas imagens, sonoridades e atmosferas presentes em sua escrita, certamente conseguirá visualizar, ouvir e sentir os sistemas de forças das paisagens, dos indivíduos, do tempo e das memórias individuais e coletivas que pulsam nas entrelinhas.

Observamos que as textualidades de João Guimarães Rosa são portadoras de teatralidade, pois a "paisagem textual"[9] que revelam é repleta de signos visuais, sonoros e sensoriais, sendo ainda portadora de uma força necessária para deixar lacunas, nas quais o leitor poderá imaginar, associar, atuar ativamente a partir do seu campo de referências e preencher esses espaços vazios.

Em nossas análises do conto "A Terceira Margem do Rio", inúmeras foram as observações levantadas. Por exemplo, nas três primeiras palavras do conto, várias informações são reveladas. O conto começa da seguinte forma:

"Nosso Pai era [...]" (p. 32)

Podemos considerar que o texto remete à imagem de um narrador que altera sua presença entre os tempos presente e passado. Nota-se um tempo que é focado na memória (era); um filho que é também o narrador (o eu que fala se refere ao seu pai); um pai fisicamente não mais presente (era); e outras pessoas comuns a eles (nosso).

Pouco a pouco, outras figuras vão aparecendo: a mãe, a irmã, um rio, uma canoa, parentes, vizinhos, instantes de momentos mais significativos na trajetória de vida deste filho/narrador, preso em uma realidade cheia de culpas que são reveladas ao rememorar o que poderia ter sido, mas não foi.

"De que era que eu tinha tanta, tanta culpa?"

9 Hans-Thies Lehmann, *O Teatro Pós-Dramático*, p. 255.

"Sou o que não foi, o que vai ficar calado. Sei que agora é tarde e temo abreviar com a vida, nestes rasos do mundo." (p. 36-37)

Outros aspectos implícitos no texto fazem referência aos temas morte, ausências, despedidas e transformações. Resultados do efeito do tempo sobre todas as coisas: tudo se transforma, nada permanece o mesmo.

O universo ficcional revelado no texto informa uma paisagem que coloca em relação uma família e sua morada nas proximidades de um rio. A partir disso, observamos a relação entre os elementos terra e água como uma possível alusão entre o que é sólido e estável e o que é líquido, instável e movediço. Mas, e a tal terceira margem? Do que se trata? Talvez, se refira a um ponto de passagem, transmutação, a uma *Outra Sina de Existir*.

O que não se pode ver ao certo nem exatamente fica como possibilidade, projeção de quereres que podem não ser reais – o impalpável, o indizível: a inconsciência?

"O rio se estendendo grande, fundo, calado que sempre. Largo, de não se poder ver a forma da outra beira." (p. 32)

Tentando tornar as subjetividades textuais em material concreto, transformando-as em materiais cênicos, utilizamos a maiêutica como possibilidade de multiplicar as perguntas levantadas e estabelecer uma espécie de cartografia de interrogações que deveriam servir como motivadoras para improvisações individuais e coletivas. Alguns exemplos de estímulos para as improvisações e criações cênicas:

A terra, o que é?
O real?
Tempo presente?
A água, o que é?
Tudo aquilo que é movediço?
Tempo passado?
E a terceira margem do rio, a margem de lá?
Inconsciência e possibilidades potentes do vir a ser?
Tempo futuro ou tudo aquilo que é etéreo?

Sem o objetivo de fixar uma possibilidade interpretativa e ficarmos restritos a respostas fechadas, colocamos em jogo as várias possibilidades. Definimos o seguinte principio: tudo o que era percebido como estímulo para a criação devia ser colocado em jogo improvisacional e transformado em cena.

Outro aspecto curioso que chamou nossa atenção foi ter percebido a presença e a recorrência no texto do número três. Logo no primeiro parágrafo, o pai é adjetivado três vezes: "Nosso pai era homem cumpridor, ordeiro, positivo"

Depois, é a vez de o rio ganhar três adjetivos:"O rio por aí se estendendo grande, fundo, calado que sempre."

Outro momento significativo aparece na fala da mãe, no momento em que o pai caminha para seu estado intersticial ao entrar na canoa, se distanciando fisicamente de seus entes familiares. Este distanciamento é valorizado e acentuado na variação pronominal empregada, observe: "Nossa mãe, a gente achou que ia esbravejar, mas persistiu somente alva de pálida, mascou o beiço e bramou: *Cê vai, ocê fique, você nunca volte!*" (p. 32)

Essas três variações pronominais "cê", "ocê" e "você" estabelecem distanciamento e impessoalidade entre indivíduos que compartilharam momentos supostamente tão pessoais de convívio, implícitos na relação marido-mulher-filhos-família.

Mas nos perguntamos o quê será que a presença do número três pode querer revelar e, ainda assim, escamoteia? Em função disso, traçamos algumas analogias:

A primeira coisa que aparece, por exemplo, é o aspecto religioso na figura da santíssima trindade: Pai, Filho e Espírito Santo. A religiosidade é um tema implícito, como algo escondido que quer emergir, vir à superfície, fazer-se perceptível.

Outra consideração que observamos foi revelada pelo estudo da numerologia: "três" é o número característico do homem que é "o comunicador".

> Antes de tudo, o número três é um homem cheio de ideias. Sua mente é fértil, e ele está sempre conversando consigo mesmo, processando os dados. Sua inteligência rápida lhe permite examinar e analisar os fatos com objetividade. Tem múltiplos interesses e está sempre buscando informações sobre vários campos de conhecimento. Vê a vida como um espaço de muitas possibilidades, onde pode realizar as suas ideias.[10]

É possível especular, por exemplo, se o autor identifica-se com esses apontamentos e/ou se tem a intenção de revelar-se por meio de suas palavras.

Sabemos a figura ímpar que foi João Guimarães Rosa. Nascido em Cordisburgo, cidadezinha do interior de Minas Gerais, falava oito línguas, lia outras quatro, compreendia alguns dialetos. Foi cônsul do Brasil na América Latina e Europa, e cônsul-adjunto do Brasil em Hamburgo, Alemanha. E, em sua segunda candidatura, eleito por unanimidade como membro da Academia Brasileira de Letras.

Acreditamos que, com todas essas pistas, é possível desvendar a charada e reconhecer, no texto, o autor, sua humanidade, suas referências visuais, sonoras e sensoriais. É claro que ele, no texto, também pode ser visto como o próprio número três: "um homem cheio de ideias [...] buscando informações sobre vários campos de conhecimento."

Texto e Cena: Uma Perturbação Necessária

O crítico e professor de teatro alemão Hans-Thies Lehmann menciona que "uma história do novo teatro e mesmo do teatro moderno deveria ser escrita como a história da perturbação recíproca de texto e cena"[11].

10 S. Weil, *O Perfil do Número Três*. Disponível em: <http://somostodosum.ig.com.br/>.
11 Op. cit., p. 247.

Essa perturbação, ou relação de atrito, retroalimenta texto e cena, em que esta é o sujeito norteador do processo de criação. Não significa que cena e texto serão correspondentes diretos ou espelho um do outro, mas sim que um pode provocar e gerar o outro, em uma relação de interdependência, de retroalimentação. Lehmann, ao abordar a adaptação de textos literários pelo teatro, cita o exemplo das encenações de Giorgio Corsetti:

> Sua tese é de que o teatro precisa do texto como corpo estranho, como mundo exterior ao palco [...] Corsetti não busca de modo algum simplesmente ilustrar o texto de uma maneira "moderna"; antes, desenvolve uma linguagem gestual paralela ao texto [...] Os atores não corporificam personagens definidas [...] Aqui o teatro não interpreta figuras e tramas de um texto; antes, articula sua linguagem como realidade estranha e perturbadora em um palco que se deixa inspirar por sua singularidade.[12]

Utilizar um texto de caráter literário para a investigação e construção do evento cênico *Outra Sina de Existir* propicia-nos encontrar relações possíveis entre matérias capazes de forjar um acontecimento teatral relacionado a uma estética de nosso interesse: um teatro gestual, de caráter performativo, no qual a sinestesia é a grande responsável por afetar o espaço imaginativo do receptor.

Entendemos que o evento cênico constitui também, como resultante, um texto que pode ser entendido via dramaturgia das ações, texto de representação. A dramaturgia das ações faz com que vejamos a interpretação do texto desviando-se de seu contexto implícito, sua função essencial é construir a compreensão de dois ou mais pontos de vista:

> Isso equivale a dizer que *tornar compreensível* um espetáculo não significa planejar descobertas, mas esboçar, projetar represas ao longo das quais o espectador e sua atenção navegarão,

12 Ibidem, p. 248-249.

> e então fazer uma vida minúscula, multiforme, imprevista, aparecer nessas represas. Os espectadores serão capazes de imergir seu modo de ver essa vida e de fazer *suas* descobertas.[13]

Construir uma linguagem gestual paralela ao texto, sem que os atores corporifiquem personagens definidas, tecendo uma dramaturgia que se dá pela ação e deixa espaços abertos para que os espectadores façam as suas descobertas, é mote convergente com os nossos interesses e maneiras de proceder no teatro.

A partir das análises do conto de Guimarães Rosa, vários temas foram levantados para que, então, fossem improvisados e transformados em partituras e cenas:

Crianças brincam – Crianças brincam sozinhas, mas querem brincar juntas – Menino não brinca com menina, mas querem brincar juntos – Ser só, mas ser junto – Preparar-se para alguém que não vem – Cortejo – Ser junto, mas ser só – Despedir-se de alguém que está partindo – Despedir-se quando é você quem está de partida.

Depois, outros procedimentos foram utilizados para a criação de textos.

1. Pesquisar e coletar informações em noticiários de jornais sobre:
- Óbito
- Natalidade

2. Levar em consideração as memórias pessoais e escrever a partir dos temas:
- Uma história de morte (na infância)
- "Meu pai era..." (infância)
- "Minha mãe era..." (infância)
- "Histórias de amor e/ou finais felizes" (coisas e momentos incríveis), "união"...
- Descrever jogos infantis

13 F. Taviani, Visão do Ator e Visão do Espectador, em E. Barba; N. Savarese, *A Arte Secreta do Ator*, p. 256.

- Definições de coisas (pesquisar em livros infantis)
- Rezas (descrever)
- Encontros e desencontros
- Descrever uma catástrofe
- Respiração (descrição metafórica)

Do atrito entre as partituras construídas pelos atores durante o treinamento psicofísico e as cenas elaboradas a partir das improvisações dos temas propostos e dos textos criados via pesquisa em jornais e memórias pessoais, dá-se o evento cênico. O modo como ele se inscreve no tempo e no espaço pode ser entendido como um tipo de dispositivo textual denominado como uma ação global de comunicação, que constitui um ato espetacular ou escritura cênica.

A escritura cênica, segundo o professor de teatro Patrice Pavis, pode ser compreendida das seguintes maneiras:

> 1. [...] leva em conta todas as possibilidades de expressão da cena (ator, espaço, tempo).[...]
> 2. [...] é o modo de usar o aparelho cênico para pôr em cena – "em imagens e em carne" – as personagens, o lugar e a ação que aí se desenrola. [...]
>
> A escritura cênica nada mais é do que a encenação quando assumida por um criador que controla o conjunto dos sistemas cênicos, inclusive o texto, e organiza suas interações, de modo que a representação não é o subproduto do texto, mas o fundamento do sentido teatral.[14]

Assim observada, a escritura cênica é o conjunto das distintas instâncias constituintes do fenômeno espetacular: imagens, sonoridades, evocações, dispositivos midiáticos, recursos de figuras de linguagem, como a metáfora e a metonímia; e o espaço imaginativo do espectador, um sistema polifônico – musical, visual, sonoro e de movimentos –, que somente existe no ato, no acontecimento, no evento cênico.

14 *Dicionário de Teatro*, p. 131-132.

Memórias e Reflexões de um Tempo Transiente: Primeiros Contatos Com o Teatro

Quando olhamos para trás buscando na memória os nossos primeiros contatos com o teatro, na maioria das vezes é o trabalho do ator que coloca o artista em contato com as inúmeras e distintas funções que o teatro abrange.

Esses primeiros contatos podem ser balizadores para sensibilizar percepções e estabelecer metas na jornada que compreende "o verdadeiro caminho da formação: a atividade investigativa e a criação cênica"[15]. Nesse sentido, podem ser muito controversas as expectativas de um artista teatral iniciante, identificado de maneira provisória com a figura do ator.

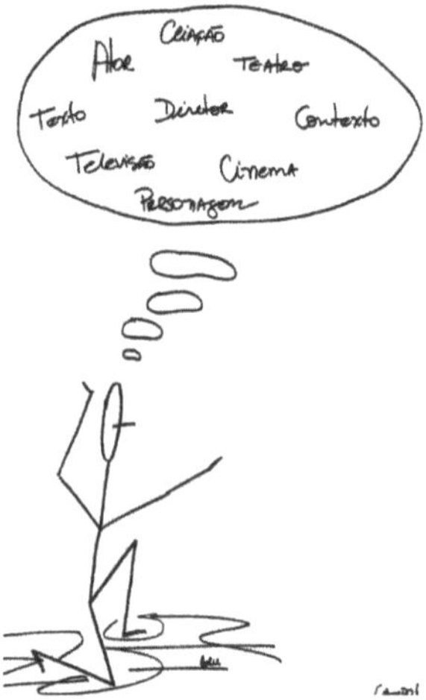

Partiremos do seguinte questionamento: quais são as referências que levam um indivíduo a querer fazer teatro?

Há mais de uma década, tenho trabalhado em escolas profissionalizantes de teatro e em oficinas culturais na cidade e no estado de São Paulo. E, a meu ver, o que temos como primeiro modelo para o ofício do ator não é o teatro, mas a televisão, que aparece como motivadora dos desejos de encarar essa profissão. Em segundo lugar, têm-se as peças teatrais que estão em circulação com atores televisivos. Só depois é que começa a despontar o teatro de grupo, com suas pesquisas particulares e as consequentes estéticas específicas e referentes a cada coletivo artístico. Conclusão: as referências

15 R. Carrió, Pedagogía y Experimentación Acerca de Algunas Experiencias, *Pedagogía y Experimentación en el Teatro Latinoameticano de la Eitalc*, p. 17.

iniciais, ou são insuficientes, ou simplesmente não servem para o teatro!

Conscientes ou não dessa problemática, todo processo de criação envolve uma prática que também é pedagógica. Sejam nos grupos, coletivos, oficinas ou escolas de teatro, os distintos processos de criações deparam-se o tempo todo com uma relação de ensino-aprendizagem. Essa relação dialógica e processual deve permitir aos indivíduos o envolvimento com as diversas áreas do fazer teatral por meio de intensa atividade investigativa e de criação artística, possibilitando transformar as referências iniciais, verticalizando percepções e experiências, a partir do princípio de que teatro é arte do coletivo – é somente no encontro entre indivíduos que ele pode acontecer.

Seguindo a jornada, outra essência deve ser observada: "tudo é signo na representação teatral"[16]. O teatro é uma arte com alto poder de síntese: seu espaço metafórico pode estar vazio e, ao mesmo tempo, remeter a infinitas potências de ser; na curta duração de um espetáculo, um sem-fim de histórias pode ser contado; uma simples chave pode provocar associações imaginativas, tecendo relações que vão de um castelo às portas do coração. Tudo vai depender do contexto em que se desenrola a ação cênica.

> A arte do espetáculo é, entre todas as artes e, talvez, entre todos os domínios da atividade humana aquela onde o signo manifesta-se com maior riqueza, variedade e densidade. A palavra pronunciada pelo ator tem, de início, sua significação linguística, isto é, ela é o signo de objetos, de pessoas, de sentimentos, de ideias ou de suas inter-relações, as quais o autor do texto quis evocar. Mas as palavra pode mudar o seu valor. Quão inúmeras maneiras de pronunciar as palavras "eu te amo" podem significar tanto a paixão, quanto a indiferença,

16 T. Kowzan, Os Signos no Teatro – Introdução à Semiologia da Arte do Espetáculo, em J. Guinsburg et al. (orgs.), *Semiologia do Teatro*, p. 98.

> a ironia como a piedade! A mímica do rosto e o gesto da mão podem sublinhar a significação das palavras, desmenti-la, dar-lhe uma nuança particular. Isso não é tudo. Muita coisa depende da atitude corporal do ator [...].
>
> Tudo é signo na representação teatral.[17]

O como fazer um artista teatral iniciante entender essa questão tão complexa é um dos grandes desafios para os orientadores, formadores, provocadores ou (re)formadores. Eis aí um objetivo para ser conquistado aos poucos. Observemos o seguinte exemplo: duas atrizes estão em um espaço vazio. De repente, uma vira para a outra e diz: "Tia, eu sei muito bem que a senhora trancou a porta do quarto e escondeu a chave. Quer fazer o favor de me devolver? Eu preciso sair daqui!" É pouco provável que os espectadores na plateia duvidem que não haja, no espaço vazio, um quarto com a porta trancada e com a chave escondida pela "tia".

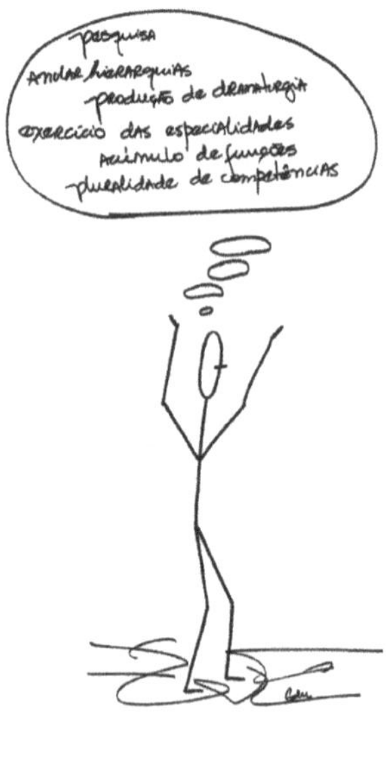

O que torna singular o teatro perante as outras artes [o cinema e a televisão, mais especificamente] é o jogo lúdico que se estabelece a partir das infinitas possibilidades de relações entre palco e plateia. O teatro abusa do signo, do seu poder de síntese, e entender essa particularidade é de fundamental importância para a formação do artista teatral.

Outra ideia equivocada que norteia o campo referencial dos artistas teatrais iniciantes – talvez esta seja até pior que a anterior – relaciona-se com figura do diretor como um "ser soberano", como se ele fosse o único detentor de todos os saberes relacionados à criação. Se assim

17 Ibidem, p. 97-98.

o fosse, atores, cenógrafos, iluminadores, figurinistas e toda a equipe que envolve uma criação esperariam desse "ser iluminado" todas as orientações a respeito do que fazer! É claro que essa impressão persiste porque, em algum momento da história, já foi assim. É preciso logo de início quebrar esse clichê relacionado à imagem de diretor centralizador! Infelizmente, não acredito que seja possível afirmar que não haja mais diretores teatrais nesse molde nos dias de hoje; acredito que talvez existam atores que até gostem deles!

Essa reflexão é uma espécie de defesa do ponto de vista que considero de fundamental importância para a formação do artista teatral: a imersão em distintas práticas criativas propiciadoras de diferentes experiências, a partir da relação com as especificidades das áreas correlacionadas, como atuação, direção, dramaturgia, figurinos e adereços, iluminação, produção etc. O trânsito entre essas áreas pode ser a garantia do exercício de um espaço propositivo para que o coletivo de artistas envolvidos em um mesmo processo de criação possa exercitar as diversas áreas.

Nesse sentido, levantaremos alguns aspectos de duas metodologias e seus conjuntos de ideias norteadoras para o desenvolvimento de processos criativos: a criação coletiva e o processo colaborativo, portadores de aspectos fundamentais para a formação de, senão um "novo", um "outro" artista teatral. Ressalto o problema que envolve denominar Criação Coletiva como uma metodologia, pois os modelos principais de referência que utilizo são as experiências colombianas dos teatros La Candelaria e Teatro Experimental de Cali (TEC) na década de 1960. Para o primeiro, Criação Coletiva "é um processo de trabalho, não um método" (Garcia, 1979). O segundo define-se como "um método" (Buonaventura e Vidal, 2006). Como minha reflexão gira em torno de uma práxis que envolve a relação ensino-aprendizado, ligada à linha de pesquisa "Pedagogia Teatral: A Formação do Artista Teatral", creio ser coerente denominá-la metodologia.

Tensões Afetivas nos Processos Criativos: A Criação Coletiva e o Processo Colaborativo

No teatro, todo o trabalho parte da relação. Ela se dá entre o coletivo de artistas, entre esse coletivo e o objeto de criação, e entre estes dois anteriores e o público, para quem de fato a obra de arte se destina. Podemos dizer que essas relações se desenvolvem por meio de tensões afetivas entre objetivos e desafios comuns, responsáveis pelo reconhecimento do indivíduo como proponente, executante e criador. Entendido dessa maneira, o fazer teatral é um processo que deve envolver "a atividade investigativa e a criação cênica"[18].

No processo de criação coletiva, alguns aspectos são de extrema relevância pedagógica. A primeira questão é a ideia de "coletivo", relacionada aqui à coletividade, ao que é comum. Os indivíduos que se juntaram para formar grupos teatrais nesse molde comungavam dos mesmos ideais e percebiam, na produção artística, um modo de vida com objetivos comuns.

Vale ressaltar que a criação coletiva, nas décadas de 1960 e 1970, nasce como modelo de contracultura, em uma época que o mundo passa por um momento sociopolítico de governos ditatoriais. Em oposição a essa situação política centralizadora, a criação coletiva nega a figura do diretor como centralizador dos processos criativos e coloca a equipe, o coletivo artístico, como responsável por todas as etapas e processos criativos: Em especial, a criação coletiva na Colômbia na década de 1960, no TEC (Teatro Experimental de Cali) e no Teatro La Candelaria. Observa-se com isso a necessidade de anular hierarquias e dissolver os limites das especialidades técnicas, promovendo o acúmulo de funções e o exercício da pluralidade de competências.

> Em grande parte dos casos, o caráter heterogêneo, as diferentes origens dos integrantes do grupo fazem com que a

18 R. Carrió, op. cit., p. 17.

> experiência coletiva seja em primeira instância uma experiência pedagógica. O grupo precisa construir e regular internamente um conhecimento comum, uma base de informações e noções partilhadas por todos. A maioria dos grupos fez do processo de criação também o processo de educação estética.[19]

Outra característica norteadora da criação coletiva é a de que o teatro é um lugar de experimentações, é um "laboratório" – aos moldes dos ideais de Jerzy Grotowski, responsável por influenciar o fazer teatral de muitos coletivos teatrais latino-americanos.

Um aspecto central e decisivo para o processo de criação coletiva é a produção de dramaturgia. Ela tem o caráter provisório, aberto, estando sempre sujeita à reescrita. Em muitos casos, assume um aspecto de "mosaico", comportando uma vasta quantidade de "vozes", pois, se todo o coletivo está envolvido na escrita, o texto deve dar vazão a isso.

Alguns enfoques metodológicos referentes ao processo colaborativo podem convergir ou divergir dos da criação coletiva – mas certamente contribuem para a ampliação do panorama do conjunto das práticas formadoras do artista teatral.

> O processo colaborativo provém de linhagem direta da chamada criação coletiva, proposta de construção teatral que ganhou destaque na década de 1970, do século XX, e que se caracterizava por uma participação mais ampla de todos os integrantes do grupo na criação do espetáculo. Todos traziam propostas cênicas, escreviam, improvisavam figurinos, discutiam ideias de luz e cenário, enfim, todos pensavam coletivamente a construção do espetáculo dentro de um regime de liberdade irrestrita e mútua interferência.[20]

19 S. Garcia, Do Coletivo ao Colaborativo, em E. Diaz; M. Olinto; F. Cordeiro (orgs.), *Na Companhia dos Atores*, p. 222.
20 L.A. Abreu, Processo Colaborativo, *Cadernos da ELT*, p. 33-41

Para o processo colaborativo, o teatro não é apenas o lugar da arte do ator, nem do encenador, cenógrafo etc. Teatro é o lugar da coexistência de todas as áreas específicas e correlacionadas, em uma relação horizontal e não hierárquica, em que o fazer teatral deve ser o "exercício de uma parceria que não anula o exercício da especialidade"[21].

Os grupos que desenvolvem seus processos nessa vertente do fazer teatral estão, desde o início de uma nova jornada criativa, de acordo com tal modo de proceder. Os artistas sabem e têm consciência de suas funções e o que devem propor como respostas relativas às suas áreas específicas. Mas, tendo consciência de que são propositores, podem e devem colaborar com todas as áreas, sendo corresponsáveis pelo desenvolvimento das especificidades, comprometendo-se com algo muito maior: o próprio objeto de criação.

Diz Antonio Araújo, diretor do Teatro da Vertigem, sobre a definição da ideia:

> [o processo colaborativo] se constitui numa metodologia de criação em que todos os integrantes, a partir de suas funções artísticas específicas, têm igual espaço propositivo, sem qualquer espécie de hierarquias, produzindo uma obra cuja autoria é compartilhada por todos[22].

Nesse sentido, a ideia de "especialidade" não é causadora de conflito, pois, ao se estabelecer um impasse, é a área específica quem deve responder por ele. A cena é sempre a protagonista do processo. Nela, e a partir dela, os impasses podem ser resolvidos. Eles podem ocorrer na dramaturgia, na encenação, no figurino etc. E os especialistas responsáveis pelas áreas estarão prontos para propor soluções. Claro que as propostas são frutos de diálogos entre as áreas, em uma relação de interdependência e coexistência.

Do mesmo modo que a criação coletiva, o processo colaborativo corrobora a ideia de produção de dramaturgia. Em ambos os casos,

21 S. Garcia, op. cit., p. 229.
22 Ibidem, p. 229.

mesmo se o processo tiver se iniciado a partir de um texto prévio, os processos deverão produzir a dramaturgia.

Além de Ator

Os processos criativos que colocam em jogo a formação de um pensamento artístico, relacionado aqui especialmente com a área da "pedagogia teatral", devem estabelecer e garantir, no coletivo artístico, um espaço propositivo capaz de exercitar e formar o artista teatral.

Assim, a sala de aula deve ser um "tubo de ensaio". Ela confronta professor-encenador e alunos-atores em uma relação de "mestre e discípulos", no sentido horizontal e não centralizador, em que o estabelecimento de um espaço propositivo comum pode garantir a descoberta de caminhos e fazer com que todos percebam que o processo criativo é constituído pela interação das diversas áreas específicas e correlacionadas do fazer teatral.

Por outro lado, o professor-encenador não deve se eximir das funções que são inerentes à sua profissão. Ele deve ter clareza e domínio da metodologia a ser abordada para a formação do artista teatral. O processo criativo, às vezes caótico, desenvolve-se em jogo com as urgências que surgem no desenvolvimento do trabalho. O resultado final é parte indissociável, não devendo ser percebido como matéria acabada, e sim em contínuo processo de construção, podendo ser reelaborado sempre.

Não significa, porém, que o professor-encenador se exime de suas funções pedagógicas. É ele quem vai orientar o processo, o caminhar do grupo, agindo no sentido de propiciar ao coletivo o exercício das distintas competências que o fazer teatral envolve. Por mais que os indivíduos estejam buscando a formação de ator, eles devem aprender a trabalhar em grupo, de modo coletivo e colaborativo, assumindo a responsabilidade por outras áreas distintas. O acúmulo de funções pode ser capaz de alavancar e ampliar as percepções de que não basta formar-se ator, com uma competência focada, isolada; é preciso, concomitantemente a isso, compreender que o teatro é o lugar da coexistência das inúmeras áreas que o compõem. Coexistência que se coloca em relação horizontal e não hierárquica, permitindo que o fazer teatral seja o "exercício de uma parceria que não anula o exercício da especialidade".

A relação dialógica entre os campos de ideias que comportam o acúmulo de funções e o exercício das especialidades são os principais aspectos da criação coletiva e do processo coletivo, responsáveis pela formação, senão de um novo, de um outro artista teatral.

Treinamento(s): Campo(s) de Ideias

Treinamento: terminologia que comporta inúmeras possibilidades de entendimento. Repetimos sempre o conceito "treinamento psicofísico" por entender que o indivíduo é um todo indivisível e, sendo assim, todos os treinamentos envolvem, ao mesmo tempo, corpo e mente.

A preocupação com o estabelecimento de certos treinamentos para o desenvolvimento dos trabalhos de criações deu-se pelo fato de acreditarmos que é possível "remodelar o 'bios pessoal' em 'bios cênico'"[23], alterar a presença cênica do ator em um todo decidido, atento, pronto. A partir dessa crença, os exercícios desenvolvidos com base nos estudos comparativos dos aspectos observados no ar manifesto relacionaram-se com princípios observados pelo "teatro do mundo", tais como: resistência, tônus, equilíbrio, concentração, precisão, entre outros.

Consideramos que os treinamentos psicofísicos convivem em um território fronteiriço, no qual podem ser percebidos também como ginástica, dança, expressão corporal e meditação – práticas que colocam em foco o trabalho do ator em sua totalidade corpo-mente.

Observamos que essas práticas podem proporcionar melhora na capacidade aeróbica, ganho de tônus muscular, evolução na definição dos desenhos das ações, percepção mais aguçada de si mesmo e da utilização do espaço cênico, capacidade de decisão e fortalecimento da coragem em se entregar à cena e ao grupo, bem como aos "olhares de estranhos". Vale ressaltar ainda que o treinamento improvisacional, possibilita um trabalho menos "engessado" e mais desenvolto, ao permitir a absorção do imprevisível no ato do jogo, da cena, do encontro com o público.

Seja lá qual for o treinamento proposto, sempre devemos levar em consideração que o foco recai no trabalho do ator sobre si mesmo[24] e deve sempre convergir em composições de pequenas estruturas de ações, denominadas partituras. As partituras, que podem ser resultados dos exercícios psicofísicos ou das improvisações, vão aos poucos formando as bagagens dos atores, que embora tenham tido as mesmas vivências, obtêm resultados extremamente particulares. Nessas bagagens estão inseridas as inúmeras experiências que compõem o universo de memórias comuns e individuais, instaladas pela relação direta do ser da ação com as inúmeras matérias que impulsionaram o desenvolvimento dos trabalhos de preparação e criação.

23 E. Barba; N. Savarese, op. cit., p. 188.

24 Nego-me aqui a apenas citar Stanislávski como detentor de tal preocupação, pois ela perpassou inúmeros teatrólogos do século XX e continua válida, ainda hoje, a inúmeros fazedores de teatro do mundo.

As discussões filosóficas também são de extrema importância, uma vez que as análises retroalimentam as ações criativas, desencadeando novas descobertas e outros valores, afetando os desejos, as buscas e as criações dos atores e dos resultados cênicos.

Texto e Contexto: Matérias Provocadoras de Associações Imaginativas

Que matérias são passíveis de transformarem-se em cena? Observamos o evento cênico como uma das principais camadas relacionadas com o trabalho do ator. O conto "A Terceira Margem do Rio" foi o "texto de partida" escolhido para ser utilizado como um dos elementos processuais no campo das matérias manipuláveis para o desenvolvimento da criação. Os resultados relacionam-se a um tipo de teatro gestual, e o texto que dele deriva compreende o conjunto -dos dispositivos teatrais (memórias, tempo, espaço, ator, texto, iluminação, figurinos, músicas, mídias etc.) que pode ser compreendido no contexto da totalidade da cena.

"O espaço da imaginação, que toma o lugar do espaço da imagem, deve suprimir a contraposição de plateia e cena em favor de um espaço de associações que abranja ambas a partir da dramaturgia visual e da paisagem sonora", escreveu o crítico e professor de teatro alemão Hans-Thies Lehmann[25].

O evento cênico, provocador do "espaço de associações"e aglutinador da coexistência das distintas camadas que compõem o sistema teatral, é resultado do atrito das distintas matérias utilizadas para seu estabelecimento. Desse modo, o espetáculo é a síntese resultante da relação dos materiais criativos, portador de um texto que não existe de modo autônomo – no sentido que um texto dramático tradicional possui.

25 Op. cit., p. 255.

Esse texto, compreendido ainda como escritura cênica, devido ao caráter polifônico, é uma espécie de coabitação e de coexistência das inúmeras linguagens contidas nas paisagens visual e sonora, com seus espaços de ressonância e associações imaginativas.

[Im]permanente Percepção de um Instante

Se enumerar é colocar ordem nas coisas, aos marinheiros de primeira viagem vale o alerta: o processo criativo não obedece a uma ordem absoluta. Ao contrário, ele se organiza de maneira bastante caótica. As distintas camadas se sobrepõem, vêm e vão. Não existe uma ordem precisa para o desenvolvimento de um processo criativo.

O que importa, de fato, é que as diferentes matérias que alimentam o processo de preparação e criação sejam portadoras de potências suficientes para motivar a pesquisa/criação. Transformar, reinventar e rearranjar são verbos potentes para que se consiga perpetuar os desejos de criação.

Metáforas. Ideias. Paixão.

Depois que a travessia é percorrida, restam as memórias. Nos pontos inicial e final não residem a verdadeira aprendizagem, pois ela se dá no caminhar, no percurso: nas memórias efetivas originadas pela experiência que todo processo de criação pode gerar.

Treinamentos de atores, bases ficcionais e eventos cênicos: tudo se atravessa, ocorrendo ao mesmo tempo agora! O fazer teatral é assim, como um organismo vivo, íntegro e total, um sistema interligado e interdependente.

"Imaginar é ausentar-se, é lançar-se a uma outra vida."[26]

26 G. Bachelard, *O Ar e os Sonhos*, p. 3.

4.

A Busca Por um Espaço de Sonho e Devir – Ou Apenas Outra Sina de Existir

"Nosso dever é experimentar!"[1]

Este capítulo relaciona-se diretamente com o evento cênico *Outra Sina de Existir*, resultante dos processos de preparação e criação que se investigou como caminho para a composição das visualidades da cena, utilização de projeções de imagens com a intenção ora de dilatar os corpos dos *performers*, ora de provocar as justaposições de lugares ausentes, ficcionais e reais, agindo na percepção dos espectadores como um universo onírico (des)orientador.

A cena contemporânea não deixa a menor dúvida quanto à utilização de toda e qualquer matéria textual como mote para as experimentações e composições cênicas. Basta observar os extensos "cardápios" culturais para se ter uma noção mais ampliada e detalhada dos diferentes interesses motivadores das peças teatrais em temporada. Além disso, temos que admitir que as novas tecnologias midiáticas estão fortemente presentes na cena contemporânea.

A partir dessas constatações, passaremos a refletir sobre algumas contribuições dos usos, especialmente, das tecnologias da imagem no desenvolvimento das técnicas do ator e na poética da cena teatral. Abordaremos ainda os processos de pesquisa e

1 Programa da exposição Aleksandr Ródtchenko – Revolução na Fotografia.

montagem do evento cênico *Outra Sina de Existir*, que, além de preocupar-se com a formação do artista teatral, procurou investigar o aspecto sinestésico observado nos teatros coreográfico, gestual e performativo, como chave responsável pela afetação dos espaços de ressonância imaginativa do espectador.

Algumas Pistas

"Um e outro, teatro e cinema, nos grandes países europeus da área teatral – Rússia, Alemanha – andaram de par: o cinema e suas técnicas se desenvolvem nos palcos no momento em que a indústria cinematográfica está em franca decadência."[2] Se no início do século XX o teatro, na Rússia, se assistia ao desenvolvimento das pesquisas de Stanislávski e Vsevolod Meierhold sobre o trabalho do ator, nessa mesma época, o cinema começava a desenvolver suas tecnologias e linguagens específicas. Considerando as preocupações para o desenvolvimento das técnicas do ator no teatro e no cinema, podemos nos perguntar sobre o que particulariza seu trabalho em uma e em outra forma artística?

Se, no cinema, temos a imagem capturada pela objetiva de uma câmera, que reproduz a vida de maneira cotidiana e natural, refletindo essa tendência na qualidade estética do trabalho do ator; no teatro, temos um lugar de confronto "ao vivo" entre ação cênica e espectadores, ou seja, o teatro entendido em sua fenomenologia, pulsante no aqui e agora, que obriga o ator a trabalhar em sua totalidade de potência expressiva. Se a câmera seleciona, recorta, amplia, aproxima e distancia o ator, o teatro escancara e evidencia, deixa o ator vulnerável ao jogo vivo que acontece no encontro com o espectador. Então, frente à linguagem cinematográfica, o teatro reage na busca pela particularização de suas especificidades, seguindo a construção de sua história.

2 B. Picon-Vallin, *A Arte do Teatro*, p. 98.

A relação entre cinema e teatro inaugura uma região de fronteira responsável por mobilizar também o desenvolvimento das técnicas relativas à arte do ator. Frente ao desenvolvimento do cinema, o teatro deve ser como "um cavalo que empina"[3]. Meierhold revelava ser esse um dos motivos de pesquisar e particularizar a linguagem teatral, fazendo com que o teatro reagisse e mostrasse suas garras frente ao desenvolvimento do cinema e suas inovações.

Se as preocupações de Stanislávski estavam focadas na qualidade interpretativa, denominada por ele "realismo espiritual", se opondo a uma "atuação mecânica [que] utiliza estereótipos para construir sentimentos reais, [como] a sobreatuação e o exagero"[4], observamos o estado da estética teatral daquele período e o seu desejo de encontrar outros caminhos para o desenvolvimento do trabalho do ator. Essas ideias, bem como seu sistema desenvolvido e difundido mundo afora serão amplamente utilizados na preparação de atores para a linguagem específica que o cinema exigirá.

Para Meierhold, ao contrário, o ator de teatro deve encontrar uma nova maneira de interpretar: "o grotesco; isto é, a biomecânica"[5]. Daí a referência à imagem de "o teatro frente ao cinema ser como um cavalo que empina", reagindo e buscando suas potências específicas. Meierhold absorve rapidamente as ideias surgidas com o cinema, como o *close up* e o enquadramento. Na tentativa de gerar esses efeitos na cena, começou a trabalhar com tais noções, relacionando-as ao trabalho do ator.

O processo de utilização das técnicas cinematográficas feito pelo teatro foi denominado pelo neologismo "cineficação". Béatrice Picon-Vallin explica esse conceito da seguinte maneira:

3 B. Picon-Valin, Teatro e Novas Tecnologias. Palestra proferida na ECA-USP. Todas as citações de Picon-Vallin a seguir, quando não referenciadas diferentemente, são oriundas desse evento.
4 C. Stanislávski, *A Preparação do Ator*, p. 57.
5 E. Barba, *A Canoa de Papel*, p. 154.

> Cineficação é o processo gerado pelo desafio que as técnicas específicas ao cinema serão pensadas pelo teatro, pois o enquadramento, o movimento da câmera, a multiplicidade de perspectivas, de pontos de vista, não são aparentemente possíveis de serem feitos na cena teatral. Então, essa cineficação vai ser fruto do desafio que a tecnologia do cinema impõe para o teatro. Há dois tipos de cineficação: a externa e a interna. A primeira relaciona-se à projeção direta de imagens cinematográficas na cena: as imagens projetadas invadem as cenas. Por outro lado, os processos de cineficação interna dizem respeito ao desenvolvimento das técnicas análogas que os diretores de teatro irão formular para tentar responder às técnicas cinematográficas – como os grandes planos, o enquadramento, o movimento da câmera, o *close up* –, ou seja, a busca pelo desenvolvimento de técnicas teatrais análogas às técnicas cinematográficas, que incorporam um conjunto de ideias e técnicas do cinema na cena teatral. Todo esse processo é resultado de um pensamento do cinema e sobre o cinema, que transformará o fazer teatral.

Para exemplificar a aplicação do conceito "cineficação", observaremos a análise feita por Béatrice Picon-Vallin de três peças encenadas por Meierhold: *Baile de Máscaras*, *O Corno Magnífico* e *O Inspetor Geral*:

> Observando a imagem [de *Baile de Máscaras*] parece que não há nada de novo, que é apenas um teatro frontal. Mas o que difere é o pensamento posto em prática para a encenação, um pensamento do cinema. As cortinas (cenário) são elementos da cena que criam espaços diferentes. Todas as cortinas secundárias têm por objetivo focalizar o olhar do espectador, conduzindo-o para espaços distantes da cena – profundidade. A luz também propõe os enquadramentos, conduzindo o olhar do público para os mais diferentes espaços da cena. Aqui, então, as cortinas são reinventadas.

Baile de Máscaras

As cortinas dinamizam a troca de cenas, ora aprofundando-as, ora aproximando-as. Como a objetiva de uma câmera, o cenário brinca com o olhar do público, a partir do jogo de ideias proposto pelo "foco". Na montagem de *O Corno Magnífico*, Picon-Valin destaca:

> O que é significativo é que o cenário reorganiza o espaço cênico. Feito todo em madeira, com sua estrutura toda aparente, o cenário tende verticalmente pelo espaço, com rampas, passarelas e escadas, fazendo com que o ator ocupe o espaço de uma maneira não tradicional. Isso permite ao espectador passear com o olhar nos mais diferentes espaços – em vez de assistir a uma "encenação horizontalizada". Além disso, o que se observa [na imagem] é uma maneira de, por meio desse cenário, criar a sensação de *close up*: a mão e o rosto do ator podem estar em destaque entre os triângulos, o que também redireciona o olhar do espectador, e permite ao

O Corno Magnífico.

ator e ao diretor trabalharem a focalização no espaço cênico constituído desta maneira.

O cenário dessa peça permite, então, o enquadramento do ator, de partes de seu corpo, como se fosse a objetiva de uma câmera focando, enquadrando e recortando os detalhes da cena para evidenciá-los ao espectador. O enquadramento aqui é possível graças à estrutura aparente do cenário, que funciona como molduras, ressaltando e detalhando a poética da cena.

Já em *O Inspetor Geral*, Picon-Valin observa que:

> O dispositivo cênico é composto por quinze portas, um tipo de construção que permite a ideia de plano geral. No centro, um praticável aparece quando as três portas centrais se abrem, gerando o efeito de *close up*. Podemos notar, com a utilização das ideias de "plano geral" e *close up*, a combinação de um aspecto extremamente contemporâneo com um elemento tradicional, as portas – usadas para entrar e sair,

O Inspetor Geral.

já que em cena esperamos que algo aconteça e que pessoas entrem e saiam a qualquer momento. Dessa maneira, esse dispositivo combina a tradição e a modernidade. Outro traço de extrema importância nesse espetáculo é a imagem do *close up* realizado pelos atores em cena – um grande desafio lançado pelo "cine olho" ao teatro. A pergunta norteadora é: Como se realiza um *close up* em cena sem qualquer recurso das técnicas do cinema? A cena, para exemplificar, é a da personagem Klestakov cortejando a mulher do governador: ele segura uma colher de chá, com a qual pega o dedo mindinho da mulher do governador, leva-o à boca e lhe dá um beijo. Essa imagem parece ínfima, mas por meio dela se consegue gerar o efeito *close up* sem nenhum recurso do cinema. Isso é possível por meio de cinco recursos: primeiro, o gesto bizarro ou a estranheza do gesto; segundo, pela técnica biomecânica, na qual o corpo todo é empregado para gerar o movimento e conduzir o foco de atenção para o mindinho; o terceiro elemento é a repetição, a ação é feita duas vezes para fixar;

O Inspetor Geral.

o quarto é o direcionamento da luz sobre a mão, a boca, a colher; e o quinto é que, em cena, todos os atores param e olham para esse casal, o que acaba direcionando o olhar do público. Por meio desses cinco recursos cria-se certamente não o primeiro, mas um dos melhores exemplos de *close up* no teatro. Foi um impacto enorme da crítica na época.

O processo de apreensão e transformação das noções e técnicas do cinema feito pelo teatro – "cineficação" – vai possibilitar o desenvolvimento de técnicas específicas para o trabalho do ator ao longo de todo o século XX – seguindo até os dias de hoje. A exemplo disso, temos os textos "Montagem"[6] e "Dramaturgia"[7], portadores de algumas das atenções referentes ao trabalho do ator desenvolvido no Odin Teatret, grupo dinamarquês dirigido por Eugenio Barba. O ator compõe as ações como um "equivalente"[8] de comporta-

6 E. Barba; N. Savarese, *A Arte Secreta do Ator*, p. 158.
7 Ibidem, p. 68.
8 Ibidem, p. 95.

mento. Essas ações compostas, "concatenadas", são as partituras dos atores. Elas devem agregar todo um dinamismo que, além de apreender a atenção do espectador, faz com que o seu olhar foque em determinados detalhes, da mesma maneira que a lente de uma câmera seleciona, evidencia e conduz o foco de atenção.

É possível afirmar que o teatro de hoje trabalha os processos de "cineficação" interna e externa, além de se apropriar das mais modernas tecnologias midiáticas, que são reinventadas a todo momento – dos *hardwares* aos *softwares*, da telefonia celular à internet, da robótica à biotecnologia. Vide alguns exemplos de coletivos de artistas estrangeiros e nacionais, como Robert Wilson, Robert Lepage, Rimini Protokoll, Teatro Oficina, Cia. dos Atores e Os Satyros.

Evento Cênico: Espaço de Sonho e Devir

Os resultados cênicos são portadores da potência de síntese. As inúmeras horas de trabalho, pesquisas e criações condensam-se nos poucos minutos de encontro com o espectador. Ao perceber nosso entorno e deparar-se com a cidade de São Paulo, uma questão inicial colocou em xeque a quebra do ritmo cotidiano imposto pelos inúmeros afazeres ordinários, subordinados aos ponteiros dos relógios de ponto, que cronometram a produção individual, coletiva, social, global... Esse foi nosso "desejo de partida".

Romper com esse ritmo imposto quase que obrigatoriamente seria como conquistar a liberdade esquecida, a possibilidade de obter desejos autênticos, de utilizar o tempo e a ação independentes da "felicidade de farmácia" ou do "sucesso obtido". Tais questões apresentaram algumas ideias norteadoras e essenciais para o desenvolvimento de uma ação teatral equivalente ao "espaço-tempo" do acontecimento do sonho e do devir.

Quando, por exemplo, contemplamos uma paisagem e nos deixamos levar pela linha do horizonte, pelo voo de um pássaro, pelo som da chuva, pelo que acontece ao longe ou "aqui", pela sensação do vento que toca a pele, pela temperatura que relaxa ou tenciona nossa maneira de estar, pelo nosso modo de ser, pela experiência de se deixar afetar e de perceber as mudanças, temos a possibilidade de experimentar essas percepções. Uma referência foi o teatro imagético de Robert Wilson:

> Teatro imagem ou teatro de imagens [...] Essa dominação da imagem é acompanhada de um ralentar dos ritmos que a

Outra Sina de Existir

> faz "flutuar" no espaço – lentidão calculada de um movimento, de um deslocamento ou de uma luz, até mesmo imobilidade total de uma figura [...] Uma ação lenta, hierática, misteriosa, silenciosa, suporte para a meditação daquele que olha.[9]

A lentidão e densidade das ações dos atores, bem como seus silêncios, no desenrolar das cenas provocam espaços de ressonância imaginativa do espectador a partir da contemplação de uma paisagem cênica que se revela como um convite para o sonho e o devir.

O objetivo é fazer com que os espectadores mergulhem na atmosfera do espetáculo e se deixem afetar. Se o teatro contemporâneo, cada vez mais, permite ao espectador experienciar a ação cênica, significa que as relações entre palco e plateia mais e mais vão ganhando um status de "espaço imersivo", um espaço que, segundo Picon-Valin:

> Busca o apagamento das fronteiras. Para Artaud, por exemplo, o "espaço imersivo" deve ser entendido da mesma maneira que a palavra "banho" remete a um lugar-ação onde todos estão imersos em uma mesma matéria. O "espaço imersivo" transforma as fronteiras das relações entre espectadores e a cena; ele é concebido para dinamizar as relações do espectador com o espetáculo.

O evento cênico pode, portanto, ter a potência de modificar o estado de quem se confronta com tal acontecimento. Assim percebido, *Outra Sina de Existir* é responsável por agregar as pesquisas práticas desenvolvidas em nossas investigações para o trabalho de preparação e criação do ator, dos diferentes níveis "sistêmicos". E também o poder de síntese que os resultados cênicos agregam – os trabalhos dos atores e do diretor, suas indagações e descobertas, a base ficcional "A Terceira Margem do Rio" –, que desde o início do processo esteve em jogo, a utilização da luz, do som, dos figurinos,

9 B. Picon-Vallin, *A Arte do Teatro*, p. 102.

Outra Sina de Existir

do cenário, das projeções de imagens sobre a cena, da fase de produção, da relação com os espectadores e das eternas discussões que alimentam e perpetuam a vida de uma obra artística.

As imagens captadas, editadas e projetadas sobre a cena, ora têm a intenção de amplificar, reiterar, ecoar os corpos e as ações dos atores, causando no espectador a sensação de distorção própria do universo dos sonhos. Justaposto a isso, o ritmo da ação e a música executada ao vivo devem produzir um efeito hipnótico, permitindo ao espectador estar ali como quem contempla descompromissadamente uma paisagem.

Os acontecimentos cênicos desenvolvidos não seguem uma estrutura linear, o que se desenrola é um jogo de cena que coloca em relação as distintas possibilidades de relações humanas: Homens e mulheres. Abandono. Maridos e esposas. Nascimentos. Pais e filhos. Incestos. Irmãos. Abortos. Amores. Desamores. Encontros. Despedidas. Morte.

Como um caleidoscópio, as imagens se formam e se transformam, abrindo espaços às possibilidades e projeções de desejos que podem, ou não, ser reais. Optar é uma atitude necessária, uma maneira de estar presente em um mundo em que os excessos ultrapassaram todos os limites das necessidades humanas. Hoje podemos querer o que não precisamos, o que não é essencial, mas pressionados e sugestionados pela "sociedade do espetáculo"[10], ficamos sujeitos à "vontade de consumo"[11]. Por isso, se optamos por essa modalidade de elaboração simbólica – evento cênico – foi exatamente porque nossos desejos de realizações foram caprichosos o suficiente para querer pausar, ainda que por um breve instante, o que nos é imposto, e assim, poder "ficar ali" contemplando a paisagem cênica de olhos bem abertos, "num momento em que tudo o que nos cerca preferiria fazer-nos fechar os olhos"[12].

Texto Poético:
Outra Sina de Existir, **de Magali Gallello**

Este texto foi escrito para dois atores e três atrizes, a partir das criações cênicas derivadas dos processos de pesquisa e das discussões com o coletivo envolvido.

Primeiro Cortejo

ATOR 1: É que isso levaria um tempo. É que isso levaria um de nós. É que isso levaria adiante (*Depois do último gesto do Ator 1*).

TODOS (*cantam*): Mandei caiar meu sobrado…

10 G. Debord, *A Sociedade do Espetáculo*, p. 35.
11 Ibidem.
12 B. Picon-Vallin, *A Arte do Teatro*, p. 111.

Segundo Cortejo

ATOR I: Quando puxava do meio da memória, tinha vezes que o resto da história, essa que se circunda, vinha.

ATRIZ 3: Mas essa coisa que é partir. Muda o leito, a vala do pensamento. Contorce o fio da água do rio. E tudo ocorre como água.

ATOR I: Depois que o olho parou, eu não vi mais. Eu só me vi [...] Como é que chama mesmo quando o que está pairando vem?

TODOS (*cochichando*): Reminiscência...

ATOR I: Reminiscência.

Cena: Atrizes 2 e 3 e Ator 1

ATOR I: A lembrança dói quando cai?

ATRIZ 3: Sei que às vezes dói quando voa longe.

ATRIZ 2: Quanto mais alto voa, mais fundo cava e encrusta o seu estar. Quando se instala, é quando o todo, o tudo – nada – nunca está.

ATRIZ 3: Você tem que prestar muita atenção e não deixar ficar. Porque se fica, é como o que apega.

ATOR I: E o que acontece daí?

ATRIZ 3: A escolha é sua. Se você quer mesmo que uma coisa fique, tem que deixá-la partir.

ATOR I: É parecido com o que fez o pai? Se eu seguisse o mesmo caminho, daí já não era eu, era só o capricho de um impulso. Um rastro que se supõe existido.

ATOR 3: A ilusão também, quando é pretérita, cansa.

ATOR 2: E como é que não apega, quando há um lado que se insiste e outro que se nega? É como um barco, uma ilha e um outro lugar. Algum lugar para onde a gente sempre se vê indo para a ilha que nunca é ilha quando a gente está num barco que está sempre indo com a intenção de ficar.

(*Entram Atriz 1 e Ator 2*)

ATRIZES 2 E 1 (*girando com a corda*): Onde mesmo começou o tempo? O tempo, talvez, nunca começou. Vai ver que nunca é o começo do tempo. Vai ver que nunca é. Vai ver que nunca está. Vai ver que nunca é quando o tempo começa.

ATOR 2: O nunca, eu não vi... (*escapa da corda*) e nunca jamais será ao menos como a gente pensa. É o que se sente, o que sinto.

ATRIZ 1 [*com a corda*]: Uma ilha é um compartimento tão solitário no seu propósito, que não tem nem como possuir-se.Uma ilha é o conter-se que engoliu o seu próprio continente. Atol parece ilha, mas é o compromisso dos corais que não ficaram sós. Descontinentes que se abraçaram e ficaram sós em conjunto, aqui estamos nós. Os nós descontinentes. Isso o que apega é o que de mim nunca se desvencilha, nunca! É o que não acorda. É que isso não me acorda nunca!

ATRIZ 1 (*com a corda no punho, atravessando o palco*): Tendo o tempo entre as mãos. (Vou) retendo o tempo. O que tenho entre as mãos, se o tempo vai derretendo?

ATOR1 (*com mãos e pés para cima*): Às vezes me distraio de mim. É quando o mundo me possibilita uma fresta.

ATRIZES 2 E 3 (*cochichando*): Espiação, uma festa.

ATOR 1: De lá espio esse aqui, cuja vida não lhe pesa sobre os ombros porque o chão não comprime suas pernas, ele vai pisando o ar. O mundo leva, não sou eu que vou.

ATOR 1 E ATRIZ 2 (*levantando e girando as saias*): Visto-me de um que não vai a nenhum lugar. Nem precisa. Para que mesmo se quer chegar em algum lugar?

(*Atriz 1 vai em direção ao Ator 2.*)

ATOR 2: O que você chama de entrega, vejo como desentregar-se. Supostamente amar até desaparecer-se de si. Digo supostamente, pois qual eu, ausentado de si mesmo, pode sentir?

ATRIZ 1: Eu me procuro nas fendas do teu silêncio que a mim direciona a voz. Quanto mais me inscrevo, quanto mais eu me apago de mim.

ATOR 1 E ATRIZ 2 (*desenhando*): Quanto mais me escrevo, quanto mais me descrevo.

ATRIZ 3 (*Ator 1 fecha o círculo*): Eu agora, só, comigo? Eu sou sem mim?

ATRIZ 1 (*ao fundo, enquanto anda e a Atriz 3 apaga o chão*): E por mais que eu pudesse tirar teu chão, na memória, ainda assim você se bastaria.

ATOR 2 E ATRIZ 1: Que se insiste.

ATOR1 E ATRIZ 3: Que não quer largar.

ATRIZ 3: Não.

ATRIZ 1 E ATOR 2: Não é.

ATRIZ 2: É.

ATOR 1 E ATRIZ 3: É para sempre.

ATOR 1: Por que sinto nos teus braços desencontro e alguma felicidade?

ATOR 2: Porque visto eu o casaco que você veste, mas da outra margem. Avisto daqui o encontro e…

ATORES 3 E 4: E alguma infelicidade?

ATRIZ 1: Nas placas com alguma indicação do tipo "não se perca", amor parece saudades. Esquecimento. Cimento.

ATOR 1 (*no final da brincadeira da Atriz 3*): Memória é como o que apega. É um voltar sem ter ido.

ATRIZ 3: É para sempre?

ATOR 1 (*depois que a Atriz 3 rolou perto dele e enquanto sincronizam o girar três vezes na direção do pai*): Voltar a mim sem ter ido até aí, isso que chamam de memória… é o ruído noturno da ausência repetida nesse meu sono dolorido.

ATOR 2 (*antes da Atriz 2 subir e como eco depois que ela anda e para atrás dele*): Eu fico vendo. Dentro e alheio… E dentro…

ATOR 2 (*depois que os filhos estão aos pés da Atriz 2, antes dela andar*): E dentro!

ATOR 2: Nas placas que sinalizam algo do tipo "não se perca", amor parece saudades. Desarremedo é quando o coração tem no centro o medo. A ilha mesmo só se faz quando o rio cortar o fio. No medo eu me doo, eu me dou.

ATRIZ 1 (*acariciando o Ator 2*): No meu eco...Do que preciso...

ATOR 2 (*levanta-se, antes de gritar*): Pai! É destruir meu próprio abrigo...para me guardar comigo...

ATRIZ 3 (*cochichando repetidamente com o Ator 1, inclusive*): Há que se destituir do próprio abrigo.

ATRIZ 3 [*cantando*]: Mandei caiar meu sobrado...

ATOR *1*: Se é ilha, como tem braço?

ATOR 2: É ilha sim, a minha terra, ciosa por tanto querer, não quer mais voltar. O rio cortou o fio.

ATRIZ 2: Quando eu me tirar de mim e quando eu mesma me deslizar do que me apega, em qual parede caberá uma janela? Ah, a clareza é tão centrada no desespero! Livro-me, o quanto antes, de só esperar: desespero-me. O que não tem abrigo, não precisa de janela.

ATRIZES 1, 2 E 3 (*rolando pelo chão e rindo*): Fica! Vem! Vai embora! Quando morrer, vai viver pra sempre!

ATOR *1*: Quando ela me visita, a história, agora eu sei, é porque ela já foi embora. E vai ficar indo embora sempre que vier me atravessar.

(*Atrizes 1, 2 e 3 cantam a Música do Barquinho. Ator 3 morre.*)

ATOR 1 E ATRIZ 2: Memória. É como que apega.

ATOR 1 E ATRIZ 2 (*cobrem a Atriz 1 com as saias*): Agora, sim, tudo virá: sem azuis nas linhas, sem linhas no tecido, sem ninguém no vestido.

ATRIZ 1: Eu estou no oco da árvore e as folhas estão despencando. O lugar onde tudo o que está indo vem vindo. Se esvaindo, se esvanecendo. Se escavando. Se escondendo. O dia que está me desamanhecendo.

Desentrega? O que é desentregar-se? Divisibilidade é requisito de coisa. A permanência é o capricho do tempo. Impermanência é quando a gente vai experimentando o desolamento. Se você fosse, se você voltasse, se você despermanecesse... E se eu nunca me esquecesse?

ATRIZ 3 (*antes e até o fim do giro com o Ator 2*): Quando se escapa pelas próprias frestas, cumpre-se a sina da alma leve. Na verdade, há sempre um rodamoinho discreto girando o "eu" por dentro, com suas cautelas desobrigadas, com seus ares amalucados de vendaval. Quando a gente se escapa da gente pelas frestas, a alma levanta os panos e faz a revolução.

ATOR 2: Se você quer mesmo que uma coisa fique, basta deixa ir embora, que ela será absorvida por essas voltas que você se dá por dentro.

ATRIZES 2 E 3 (*durante o aborto*): Eu me subtraio de mim, eu me subtraio! Eu me perco de mim, eu me tiro de mim! (*Choram. Quando termina o choro, no chão, olham para o Ator 1*): E se eu me esvaziar?

ATOR 2: Esvaziar-se! (*Com indignação.*) O que está dentro é o que está fora! Se você esvaziar-se de si mesma, resta o mundo, não vê?

ATOR 2 (*Ator 1 corre para baixo da saia da Atriz 3*): Há sempre um desejo de vida desdenhando nossa suposta organização. As respostas que você já se deu... Alguma delas acalmou as lacunas do tipo "quem sou eu"?

ATRIZ 1 (*antes e durante o andar indignado na direção das Atrizes 2 e 3 e do Ator 1*): As coisas me acumulam...Tantos trastes de memórias entulhadas! Pois que se separem e morram os desejos dessa vida repetida! Quem sou eu? Quem está em mim?

(*Atrizes 2 e 3 fecham a Atriz 1 em um círculo de corda.*)

ATOR 1: Coloque-se na posição de quem deve responder e veja se consegue suportar a falência do seu vazio.

ATRIZ 1 [*com a corda*]: Isso o que apega. É o que de mim nunca se desvencilha, nunca! É o que não acorda. É que isso não me acorda nunca!

ATOR 2: Essas coisas todas que você vive tentando poupar de si, essas coisas todas... Devolva-se a elas porque elas nunca deixaram ou deixarão de ser você.

Para o fim (para o momento das meninas girando)

ATRIZ 2: Desentranhamento do que apega na memória: para lá da terceira margem do firmamento onde tudo o que desagrega fortalece a convicção de que no tempo não há tempo, cada grão que sobra só é o pó reflexo de tudo o que causou o soterramento. Na ilha, a lógica não entende os auspícios do não tempo. É como o que desapega. É como flutua a mão da luva que nunca lhe teve dentro. Não disse? Era a partir da inércia da memória que a história vem.

5.

Treinamentos: Descrição dos Exercícios[1]

...

1 Os exercícios foram descritos com a colaboração da atriz e pesquisadora Silvia de Paula e podem ser também observados no site: <http://girokausteatro.blogspot.com.br>.

Os exercícios aqui descritos estudam um treinamento específico para o ator, norteados pela análise das metáforas observadas nas distintas manifestações do elemento ar.

Giro Sufi

- CAMPO DE IDEIAS: Treinamento psicofísico.
- ORIGEM: Meditação ativa, do indiano Osho.
- DESCRIÇÃO: No livro *Meditação, A Primeira e Última Liberdade – Um Guia Prático à Meditação,* Osho descreve Giro Sufi como "uma das técnicas mais antigas, uma das mais poderosas. Ela é tão profunda que mesmo uma única experiência pode torná-la totalmente diferente" (p. 67).
- INSTRUÇÃO: Em pé, com olhos abertos e olhar difuso, braços abertos, com a palma da mão direita voltada para o céu e da

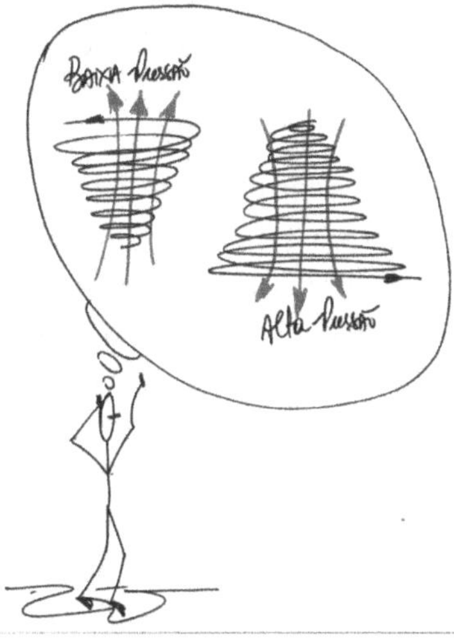

esquerda para a terra, gire no sentido anti-horário, mantendo-se no mesmo lugar. O giro deve ser realizado como se você fosse uma criança brincado de girar – se alguém se sentir mal girando no sentido anti-horário, é permitido inverter o sentido do giro. A duração dessa meditação ativa é de uma hora, subdivida em duas fases: a primeira, com duração de 45 minutos, é o giro propriamente, onde a qualidade do girar deve ser mais lenta e suave nos quinze minutos iniciais e, depois, pouco a pouco, deve-se aumentar a velocidade de modo crescente; após os 45 minutos deve soar um gongo e, com ele, iniciar-se a segunda fase, onde o giro deve ser cessado. Então, deve-se deitar de barriga para baixo e permanecer de olhos fechados durante os quinze minutos finais – a conclusão é indicada pelo som agudo de um sino. É comum acontecer de alguém cair antes de alcançar os 45 minutos de giro. Se isso ocorrer, não há problema – deve-se permanecer deitado, de barriga para baixo e com olhos fechados, até a total finalização da meditação. Durante o giro é importante permanecer tranquilo, com o pensamento livre, e tentar girar sempre no mesmo lugar – mas pequenos deslocamentos durante o giro também costumam acontecer. Durante a meditação ativa, o Giro Sufi, sinta como se você estivesse no centro e envolvido por um campo de energia. Ao girar, permaneça atento e contemplando o que acontece com você e ao seu redor – mas sem fixar a atenção em nada específico. Realize a meditação respirando de maneira contínua, inspirando e expirando suave e completamente. Também pode acontecer de alguém sentir vontade de vomitar! Se isso ocorrer, corra e vomite! Depois volte e continue a girar! Após o tempo previsto para a primeira fase, não force a queda e tente deixar o corpo conduzir você até o chão – não "segure as rédeas", não fique no domínio nem racionalize demais durante a ação. Quando estiver deitado, solte todo o seu peso ao chão e tente não se mexer. Permaneça entregue, quieto, tranquilo e experiencie o momento. Ao repetir a meditação, permita-se "soltar as rédeas" – trabalhar mais a entrega.

- OBJETIVO: Trabalhar a entrega.
- METÁFORA RELACIONADA AO TRABALHO DO ATOR: Olho do furacão.
- OBSERVAÇÕES: Recomenda-se não comer, nem beber durante as três horas que antecedem o giro. É melhor ter os pés descalços e usar roupas confortáveis.
- ÁREAS DE EXPERIÊNCIA: Percepção das potencialidades psicofísicas.
- DESDOBRAMENTOS: Via metáfora, a meditação ativa Giro Sufi e os aspectos observados no ar manifesto foram geradores dos exercícios investigados e aqui descritos.

Metáfora:
Alta Pressão Atmosférica

1. Redemoinho – Apoiando com as mãos no chão

- CAMPO DE IDEIAS: Treinamento físico.
- ORIGEM: Brincadeira de criança.
- DESCRIÇÃO: Sentado no chão, com as planta dos pés juntas, as mãos inicialmente apoiadas nas pernas e a coluna ereta, inspire. "Mergulhe" com a cabeça [enrolando a coluna] e inicie a expiração, enquanto circula o tronco como o movimento de um redemoinho, usando as mãos como apoio. O movimento termina após completar o círculo e desenrolar a coluna. Voltando à posição inicial, inspire novamente e comece um novo ciclo na direção contrária.
- INSTRUÇÃO: O exercício é praticado nos sentidos horário e anti-horário, variando os tempos: 8, 6, 4 e 2.

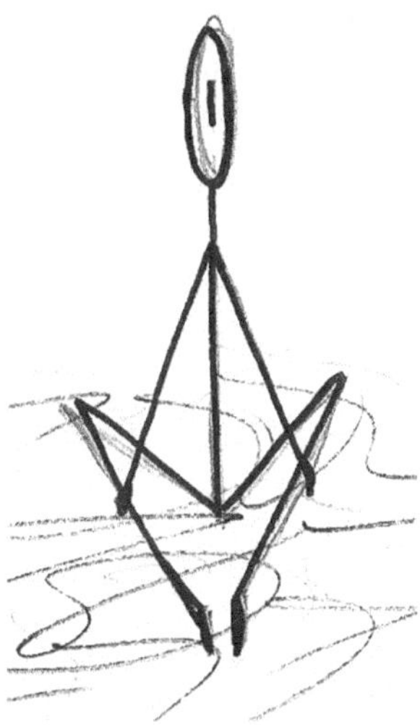

- OBJETIVO: Explorar a relação com chão.
- METÁFORA RELACIONADA AO TRABALHO DO ATOR: Alta pressão atmosférica, obrigando o ator a explorar o nível baixo, a relação com o chão.
- OBSERVAÇÕES: Trabalhar o peso do corpo em relação à ação da gravidade.
- ÁREAS DE EXPERIÊNCIA: Consciência corporal e espacial, tônus, ritmo, percepção individual e coletiva.
- DESDOBRAMENTOS: Seleção de imagens corporais e composição de partituras de ações.

2. Redemoinho – Riscando o chão com as mãos

- CAMPO DE IDEIAS: Treinamento físico.
- ORIGEM: Brincadeira de criança.
- DESCRIÇÃO: Sentado no chão, com as plantas dos pés juntas, as mãos sobre as pernas e a coluna ereta, inspire e "mergulhe" com a cabeça [enrolando a coluna]. Expire circulando o tronco, passando pelo chão, a partir de uma das laterais do corpo. Depois com a coluna, siga em direção a outra lateral. Mantenha os joelhos semiflexionados e as pernas sustentadas sobre o abdômen durante todo o movimento. As mãos "riscam" um círculo no chão. O movimento termina após se completar o círculo e desenrolar a coluna, voltando à posição inicial. Inspire novamente, preparando-se para um novo ciclo na direção contrária.

- INSTRUÇÃO: O exercício é praticado nos sentidos horário e anti-horário, variando os tempos: 8, 6, 4 e 2.
- OBJETIVO: Explorar a relação com o chão.
- METÁFORA RELACIONADA AO TRABALHO DO ATOR: Alta pressão atmosférica, obrigando o ator a explorar o nível baixo, a relação com o chão.
- OBSERVAÇÕES: Trabalhar o peso do corpo em relação à ação da gravidade.
- ÁREAS DE EXPERIÊNCIA: Consciência corporal e espacial, tônus, ritmo, percepção individual e coletiva.
- DESDOBRAMENTOS: Seleção de imagens corporais e composição de partituras de ações.

3. Redemoinho – Segurando nos pés

- CAMPO DE IDEIAS: Treinamento físico.
- ORIGEM: Brincadeira de criança.
- DESCRIÇÃO: Sentado no chão, com as plantas dos pés juntas, as mãos segurando os pés e a coluna ereta, inspire. A partir do "mergulho" da cabeça [enrolando a coluna], expire circulando o tronco, passando pelo chão, a partir de uma das laterais do corpo. Depois, com a coluna, siga em direção a outra lateral. As mãos devem segurar os pés durante todo o movimento, que termina após o círculo ter se completado. Volte à posição inicial, inspirando novamente e pondo-se pronto para um novo ciclo na direção contrária.

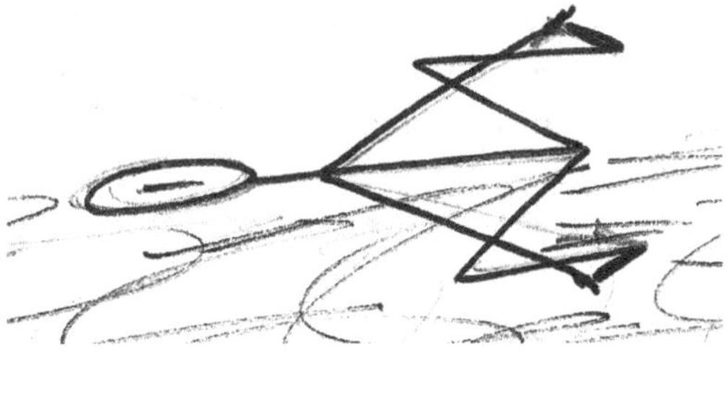

- INSTRUÇÃO: O exercício se completa após ter sido executado nos sentidos horário e anti-horário e na variação dos tempos 8, 6, 4 e 2.
- OBJETIVO: Seleção de imagens corporais e elaboração de partitura.
- METÁFORA RELACIONADA AO TRABALHO DO ATOR: Alta pressão atmosférica, impelindo o ator a explorar o nível baixo.
- OBSERVAÇÕES: Trabalhar o peso do corpo em relação à ação da gravidade
- ÁREAS DE EXPERIÊNCIA: Consciência corporal e espacial, tônus, ritmo, percepção individual e coletiva.
- DESDOBRAMENTOS: Seleção de imagens corporais e elaboração de partituras de ações.

Variações em Jogo/Redemoinho

- CAMPO DE IDEIAS: Treinamento; atenção; prontidão; exploração de outras possibilidades de movimentos.
- DESCRIÇÃO: Desenvolver o exercício "em jogo", percebendo a si mesmo e ao grupo, sem utilização da palavra:
  1. Dois atores são escolhidos:
     - Um propõe as paradas;
     - O outro, as variações de velocidades.
  2. Todos devem se perceber, entrar em sintonia e colocar todas as dinâmicas em jogo:
     - Se um para, todos param;
     - Se um continua, todos continuam;
     - Se um muda a velocidade, todos mudam.
- OBJETIVO: Sintonia fina; harmonia; explorar todas as variações colocando em jogo a dessacralização das regras para, talvez, descobrir outras possibilidades; exercitar a comunhão no grupo; selecionar imagens corporais e compor partituras.

4. Rolamento em X

- CAMPO DE IDEIAS: Treinamento físico; aquecimento.
- ORIGEM: Alta pressão; impulso.

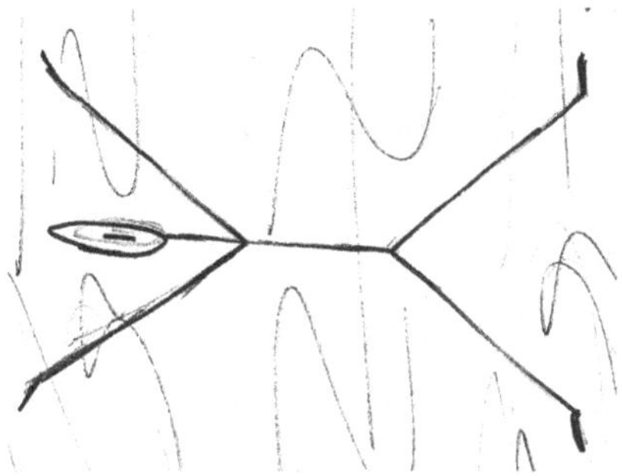

- DESCRIÇÃO: Deitado com as costas no chão, os olhos abertos e o corpo em expansão. O movimento é realizado como se fosse impulsionado pelas mãos; ora partindo da mão direita – que conduz o movimento espiralado até completar meio giro [fazendo pequena pausa, de bruços para o chão] –; ora partindo da mão esquerda, de volta à posição inicial. As mãos e os pés devem estar em contato com o chão o tempo todo.
- OBJETIVO: Treinamento físico.
- METÁFORA RELACIONADA AO TRABALHO DO ATOR: Alta pressão atmosférica; propondo ao ator explorar a força da gravidade e a maior área de contato corporal com o chão ao redor do eixo horizontal.
- OBSERVAÇÕES: Desenvolver o exercício atento às cinco linhas corporais – coluna, braços e pernas.
- ÁREAS DE EXPERIÊNCIA: Consciência corporal e espacial, tônus, ritmo, percepção individual e coletiva.
- DESDOBRAMENTOS: Seleção de imagens corporais, associação de ideias e composição de partituras de ações.

5. Rolamento em Y

- CAMPO DE IDEIAS: Treinamento físico; aquecimento.
- ORIGEM: Alta pressão; impulso.

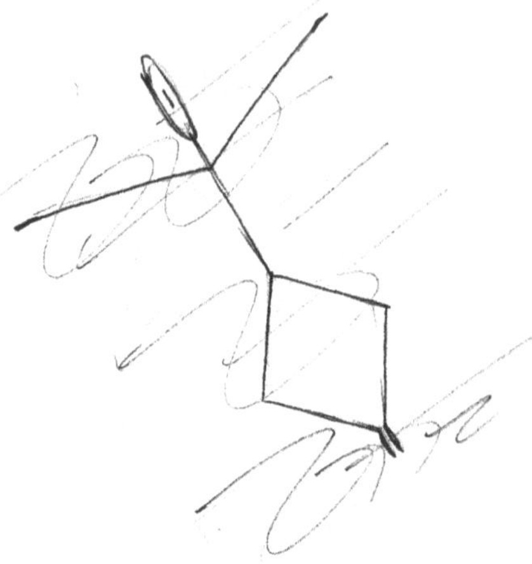

- DESCRIÇÃO: Deitado com as costas no chão e o corpo em "Y" [joelhos flexionados e as plantas dos pés juntas]. O movimento é realizado como se fosse impulsionado pelas mãos; primeiro pela mão direita – que conduz o movimento espiralado até completar meio giro [fazendo pequena pausa, de bruços para o chão] –,as pernas se esticam; depois pela mão esquerda, de volta à posição inicial, com os joelhos flexionados. Nessa variação, as mãos saem do chão para impulsionar o movimento, "rasgando" o espaço "pelo ar". Os pés devem manter o contato com o chão durante todo o desenvolvimento do exercício.
- OBJETIVO: Treinamento físico.
- METÁFORA RELACIONADA AO TRABALHO DO ATOR: Alta pressão atmosférica, propondo ao ator explorar a força da gravidade e a maior área de contato corporal com o chão ao redor do eixo horizontal.
- OBSERVAÇÕES: Desenvolver o exercício atento às linhas corporais – coluna, braços e pernas.

- ÁREAS DE EXPERIÊNCIA: Consciência corporal e espacial, tônus, ritmo, percepção individual e coletiva.
- DESDOBRAMENTOS: Seleção de imagens corporais, associação de ideias e composição de partituras de ações.

6. Rolamento em dois Losangos

- CAMPO DE IDEIAS: Treinamento físico; aquecimento.
- ORIGEM: Alta pressão, impulso.

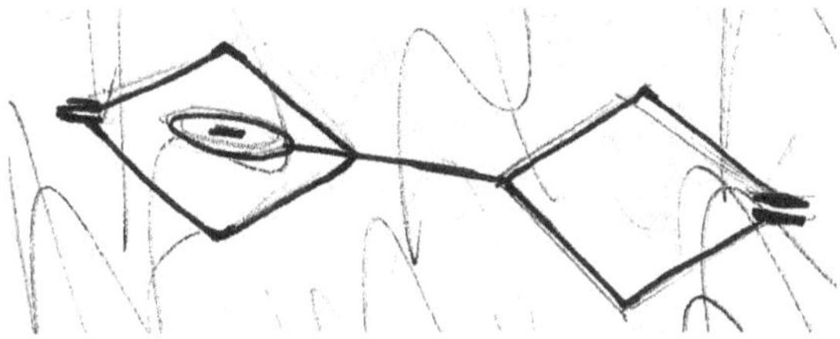

- DESCRIÇÃO: Deitado com as costas no chão, as mãos juntas, os cotovelos flexionados, os pés juntos e os joelhos flexionados. Balance os joelhos para um lado e para o outro. A partir do impulso desses balanços, execute um rolamento completo.
- OBJETIVO: Treinamento físico.
- METÁFORA RELACIONADA AO TRABALHO DO ATOR: Alta pressão atmosférica, propondo ao ator explorar a força da gravidade e a maior área de contato corporal com o chão ao redor do eixo horizontal.
- OBSERVAÇÕES: Desenvolver o exercício atento às linhas corporais. Trabalhar a força-peso. Contar três balanços para acumular impulso e então rolar.
- ÁREAS DE EXPERIÊNCIA: Consciência corporal e espacial, tônus, ritmo, percepção individual e coletiva.
- DESDOBRAMENTOS: Execução em duplas e em grupo; seleção de imagens corporais, associação de ideias e composição de partituras de ações.

Metáfora: Baixa Pressão Atmosférica

7. Balanços

- CAMPO DE IDEIAS: Treinamento físico.
- ORIGEM: Moshe Feldenkrais[2] e Yan Ferslev[3]; escala do ar manifesto.

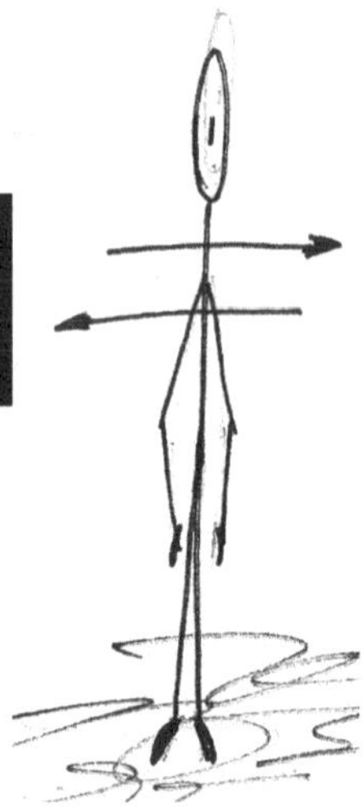

- DESCRIÇÃO: Em pé, plantas dos pés "enraizadas" no chão, braços ao longo do corpo, coluna ereta, olhar na altura do horizonte.
- INSTRUÇÃO:

I. Com os dois pés "enraizados" e paralelos, balance o corpo como uma árvore ao vento:
   - Para frente e para trás;
   - Para um lado e para o outro;
   - Como um redemoinho – sentidos horário e anti-horário.

II. Um pé "enraizado" no chão e o outro tocando o chão apenas com a ponta do dedão [intercalar entre os pés direito e esquerdo], balance o corpo como uma árvore ao vento:
   - Para frente e para trás;
   - Para um lado e para o outro;
   - Como um redemoinho – sentidos horário e anti-horário.

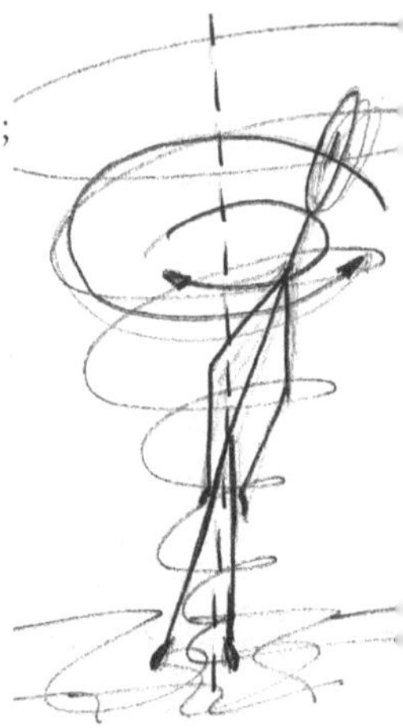

- OBJETIVO: Treinamento, seleção de imagens corporais e elaboração de partitura.

2 Pesquisador pioneiro da educação somática
3 Ator e músico do Odin Teatret.

- METÁFORA RELACIONADA AO TRABALHO DO ATOR: Baixa pressão atmosférica, obrigando a explorar o nível alto.
- OBSERVAÇÕES: Trabalhar o equilíbrio em relação à menor superfície de contato corporal com o chão.
- ÁREAS DE EXPERIÊNCIA: Consciência corporal e espacial, tônus e equilíbrio.
- DESDOBRAMENTOS: Desequilíbrio e retomada do equilíbrio – Romper com os limites do equilíbrio, explorando e deslocando-se aleatoriamente pelo espaço até retomar o equilíbrio. Sustentar as imagens corporais no instante em que o equilíbrio é reestabelecido. Voltar à posição de partida, executar uma das variações dos balanços, romper com o equilíbrio... *ad infinitum*, selecionar imagens corporais, associar ideias e compor partituras de ações.

Variações em Jogo/Balanços

Um ator é escolhido apenas para orientar os "pés de apoio". Sem utilizar a palavra, deve desenvolver o exercício focando os princípios de atenção e prontidão e selecionar imagens corporais.

8. Impulso

- CAMPO DE IDEIAS: Treinamento físico.
- ORIGEM: Meditação ativa Giro Sufi.
- DESCRIÇÃO: Em pé, com as plantas dos pés "enraizadas" no chão, os braços ao longo do corpo, a coluna alinhada, o quadril encaixado e olhar na altura do horizonte.
- INSTRUÇÃO:

I. Contração[4] – Palmas das mãos para baixo:

- Inspire – Durante a inspiração, execute um giro completo no eixo vertical, com a palma da mão direita voltada para baixo e os pés sempre em contato com o chão.

4 O giro, nessa fase, é entendido como a frontalidade do corpo, na qual a caixa torácica e os ombros têm a possibilidade de se recolher e se contrair.

- Expire – Durante a expiração, execute um giro completo, no eixo vertical, com a palma da mão esquerda voltada para baixo e os pés sempre em contato com o chão.

II. Expansão[5] – Palmas das mãos para cima.

- Inspire – Durante a inspiração, execute um giro completo no eixo vertical, com a palma da mão direita voltada para cima e os pés sempre em contato com o chão.
- Expire – Durante a expiração, execute um giro completo no eixo vertical, com a palma da mão esquerda voltada para cima e os pés sempre em contato com o chão.

- OBJETIVO: Treinamento psicofísico, seleção de imagens corporais e elaboração de partitura.
- METÁFORA RELACIONADA AO TRABALHO DO ATOR: Baixa pressão atmosférica; força da gravidade e equilíbrio; movimento circular no eixo vertical.
- OBSERVAÇÕES: Trabalhar o peso e o contrapeso; a precisão dos movimentos.
- ÁREAS DE EXPERIÊNCIA: Consciência corporal e espacial, tônus e equilíbrio.
- DESDOBRAMENTOS: Esse exercício é um desdobramento da meditação ativa Giro Sufi. Primeiro, esse trabalho com os impulsos focou as mãos; depois ampliou-se para outras grandes articulações: cotovelos, ombros, quadril [cristas ilíacas], joelhos e pés.

Variações em Jogo/Impulso

Um ator é escolhido apenas para orientar a articulação que conduzirá o movimento. Sem utilizar a palavra, ele deve desenvolver o

5 O giro, nessa fase, é entendido como a frontalidade do corpo, em que a caixa torácica e os ombros têm a possibilidade de se expandir e se abrir.

exercício focando os princípios de atenção e prontidão e selecionar imagens corporais.

9. Espirais

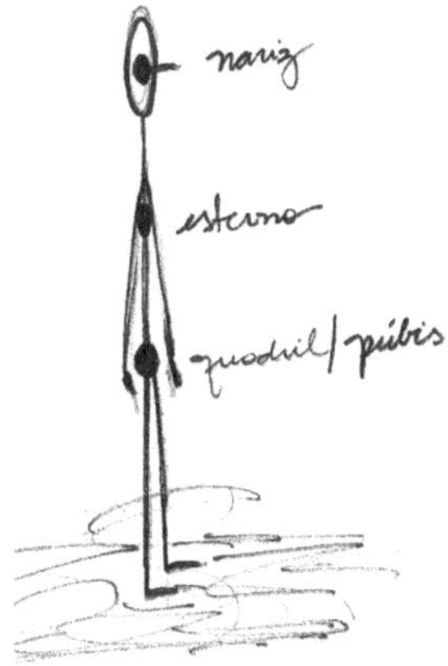

- CAMPO DE IDEIAS: Treinamento físico.
- ORIGEM: Dança, mímica, jogos teatrais e a imagem do ar manifesto de modo espiralado.
- DESCRIÇÃO: Em pé, com os braços e as pernas paralelos, olhe na altura do horizonte e perceba três subdivisões corporais: nariz/cabeça, esterno/tronco e púbis/quadril. Trabalhe cada uma das partes isoladamente.
- INSTRUÇÃO: Visualize à frente uma espiral: com o nariz/cabeça, execute movimentos espiralados, no sentido horário [centro-periferia], até atingir o ponto máximo. Inverta os movimentos no sentido anti-horário [periferia-centro] e volte à posição inicial. Ainda com o foco do trabalho corporal do nariz/cabeça, inverta o sentido dos movimentos: centro-periferia [anti-horário] e periferia-centro [horário]. Execute o exercício focando os movimentos no esterno/tronco e púbis/quadril.
- OBJETIVO: Trabalho de segmentação corporal.
- METÁFORA RELACIONADA AO TRABALHO DO ATOR: Escala do ar manifesto; Baixa pressão atmosférica; redemoinhos pelo corpo.
- OBSERVAÇÕES: Todas as articulações devem ficar maleáveis e colaborar com os movimentos. Os exercícios colocam em foco cada um dos três segmentos corporais, sem anular o resto do corpo.
- ÁREAS DE EXPERIÊNCIA: Consciência corporal, domínio do movimento, construção de um corpo simbólico.

- DESDOBRAMENTOS: Exploração dos movimentos espiralados de modo caótico, fazendo paradas e sustentando as imagens corporais; seleção de imagens corporais e composição de partituras de ações.

10. Ritmo/Velocidade: Escala do Ar Manifesto

- CAMPO DE IDEIAS: Treinamento físico.
- ORIGEM: Associações de ideias entre os conceitos tempo[6] e ritmo[7] e a escala do ar manifesto; possibilidade de alteração do comportamento cênico a partir do entendimento de ritmo como velocidade.

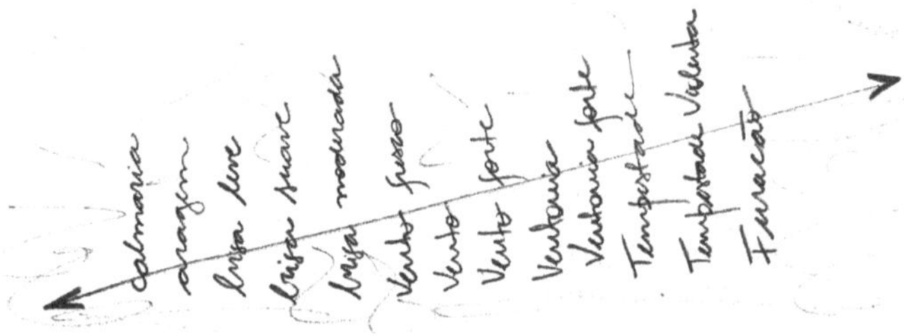

- DESCRIÇÃO: A partir das sugestividades contidas nas distintas manifestações do elemento ar – calmaria, aragem, brisa leve, brisa moderada, vento fresco, vento, vento forte, ventania, ventania forte, tempestade, tempestade violenta e furacão –, explorar as alterações possíveis, empregando cada uma delas nas ações físicas e vocais.
- OBJETIVO: Investigar diferentes qualidades para o desenvolvimento das ações físicas e vocais; dinamizar as ações e as cenas a partir do emprego das velocidades observadas nas distintas manifestações do elemento ar.

6 Entendido aqui como duração.
7 Entendido de duas maneiras: velocidade e intensidade.

- METÁFORA RELACIONADA AO TRABALHO DO ATOR: Escala do ar manifesto e seus distintos estados.
- OBSERVAÇÕES (1): Como aquecimento, o orientador pode pedir que os atores, com atenção redobrada, desloquem-se aleatoriamente pela sala, ocupando e equilibrando o espaço. De tempos em tempos, o orientador deve propor os estados observados na escala do ar manifesto como estímulos para a alteração do comportamento dos atores, que devem modificar as velocidades.
- OBSERVAÇÕES (2): A escala revela treze manifestações distintas do elemento ar, sendo o vento o meio do caminho, que funciona como um "divisor de águas", um "entre". Vale considerar que temos seis qualidades de andar [da calmaria ao vento fresco] e outras seis de correr [do vento forte ao furacão].
- ÁREAS DE EXPERIÊNCIA: Metáfora como estímulo para alteração do comportamento cênico; emprego do esforço para modular as velocidades das ações físicas e vocais.
- DESDOBRAMENTOS: As diferentes manifestações podem servir como princípios norteadores para o desenvolvimento de diferentes trabalhos: alteração das dinâmicas das partituras; modulação do andamento das cenas e das intenções das ações físicas e vocais; relação com os espaços amplo, médio e restrito etc.

11. Ritmo/Intensidade: Níveis de Tensões

- CAMPO DE IDEIAS: Treinamento físico.
- ORIGEM: Diversos exercícios que focam a contração e o relaxamento da musculatura; associações de ideias entre os conceitos tempo e ritmo e a escala do ar manifesto; possibilidade de alteração do comportamento cênico a partir do entendimento de ritmo como intensidade.

- DESCRIÇÃO: Em pé, com as pernas e os braços paralelos e o olhar na altura do horizonte, perceba o centro do corpo[8] como ponto de expansão e convergência das diversas intensidades de tensões musculares. A contagem de um a treze é utilizada para gradação das tensões e relação dos estados e intensidades do ar manifesto. Encontre um estado muscular que utilize o menor esforço possível para sustentar-se em pé e some a ideia de vetores que convergem para o centro do corpo. Depois, encontre um estado muscular que utilize a maior tensão possível, esforçando-se ao máximo, junte a ideia de vetores irradiando do centro para as periferias do corpo. Após encontrar esses dois estados musculares opostos, relaxe, voltando ao estado muscular pessoal.

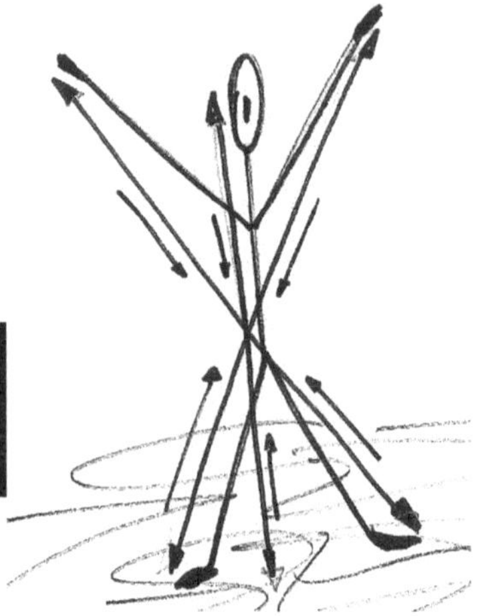

- DESENVOLVIMENTO: Enquanto o orientador conta de modo crescente, de um a treze, os atores devem aumentar gradativamente a intensidade das tensões musculares, variando do menor para o maior esforço possível. Depois, a contagem é feita de modo decrescente. As tensões devem ser observadas em todas as áreas corporais – dos pés às mãos, da cabeça ao quadril, envolvendo olhos, língua, abdômen, ânus, estômago etc. O exercício deve ser feito inúmeras vezes para que os atores entendam muscularmente as alterações das diversas intensidades.
- OBJETIVO: Explorar diferentes qualidades para o desenvolvimento das ações físicas e vocais; dinamizar as ações e as cenas a partir do emprego das potências observadas nas intensidades relativas às distintas manifestações do elemento ar.

8 Região abdominal.

- METÁFORA RELACIONADA AO TRABALHO DO ATOR: Estados e intensidades do ar manifesto como estímulos para construção do comportamento cênico.
- OBSERVAÇÕES: É importante deixar claro que as maiores intensidades não devem deixar as ações rígidas, mas vigorosas. Imagens de goleiros e atletas do tiro de cem metros têm funcionado como referências eficientes.
- ÁREAS DE EXPERIÊNCIA: Metáfora das intensidades observadas no ar manifesto como estímulos para alteração do comportamento cênico; emprego do esforço para modular as intensidades das ações físicas e vocais.
- DESDOBRAMENTOS: Após executar o procedimento algumas vezes e ter a escala como norte, o orientador pode pedir que:
  1. Cada um escolha uma ação simples, como acenar ou jogar uma pequena pedra, e retome a contagem da escala. Em cada uma das diferentes intensidades e ao comando "Ação!", os atores devem executar a ação escolhida, investigando as variações.
  2. Os atores escolham uma frase simples, como "Oi! Tudo bem?", nas diferentes intensidades. Ao comando "ação", eles devem executar a ação escolhida anteriormente e dizer a frase, investigando as diferentes possibilidades.
  3. Os atores devem se deslocar pelo espaço nas diferentes intensidades. Ao comando "Ação!", eles devem executar a ação e dizer a frase escolhida anteriormente, enquanto deslocam-se alguns passos pelo espaço e param, mantendo o estado e aguardando nova orientação.
  4. Os atores devem *re_trabalhar* a partitura ou a cena a partir dessas referências.

Anexo

Depoimentos dos Atores Envolvidos no Processo de Pesquisa

Reflexões dos atores envolvidos no processo de pesquisa e criação, a partir das seguintes questões:

1. Explique o trabalho prático desenvolvido em sala de ensaio.
2. Como você passou a olhar para o trabalho do ator, a construção de partituras e as elaborações de "cenas".
3. Como se deu a relação com o conto "A Terceira Margem do Rio", de João Guimarães Rosa.
4. Em relação ao processo de pesquisa/criação, escreva sobre as dificuldades e as facilidades encontradas.
5. Escreva livremente sobre o processo.

Depoimento do Ator Felipe Rocha

Primeiramente, é importante ressaltar o fato de ser uma pesquisa. Na sala, o trabalho foi desenvolvido tendo como base o treinamento físico. Sempre iniciávamos com exercícios de treinamento, que se configuraram com funções variadas. Além de uma possibilidade de preparação do corpo do ator (tônus, precisão, energia, extremidades etc), eram utilizados como base criativa (uma linguagem cênica), um meio entre o ator e sua partitura expressiva. Dessa forma, a partir das imagens selecionadas por meio dos exercícios e tendo por base o conto "A Terceira Margem do Rio", os atores elaboraram suas partituras individualmente. Também houve um processo de improvisações baseadas no conto, contendo elementos do treinamento.

Para mim, a pesquisa foi um divisor em relação ao meu trabalho de ator, sendo um primeiro encontro com o trabalho do ator-criador de forma mais profunda. A composição tornou-se, para mim, muito mais pessoal e temporal e, ao mesmo tempo, mais rígida em relação à necessidade de treinamento e aperfeiçoamento constantes, não se limitando à sala e ao grupo, mas sendo realizados a todo instante.

A construção de partitura se estabeleceu como um meio necessário de expressividade intuitiva (devido ao processo de criação) e, ao mesmo tempo, técnica (como resultado). A partir dessa união, vi a partitura como um recurso que permite um olhar do ator sobre o tema, uma questão coletiva mostrada com sua individualidade. A necessidade de adaptação ao tema, ao outro, sem perder a sua criação, foi o que mais se alterou em relação à construção da cena. A possibilidade de uma dramaturgia sem palavras marcou muito as minhas criações a partir de então.

O conto "A Terceira Margem do Rio" serviu como um impulso criativo e um "selecionador", pois da mesma maneira que possibilitava a improvisação (como propósito de temas) e criação imagética e de atmosfera, restringia (no bom sentido) as possibilidades de ações, imagens, estados e intenções. Servindo, assim, como um ponto de partida para o grupo – um olho de furacão, a partir do qual milhares de possibilidades eram criadas e descartadas, variadas conforme o trabalho de cada ator-criador.

Para mim, a maior dificuldade foi o entendimento da linguagem de um teatro de pesquisa. Por estar acostumado à questão do espetáculo, durante algum tempo, acabei buscando como resultado o próprio espetáculo. Somente depois entendi que o processo valia por si só, que os resultados já estavam ali, nas aquisições técnicas e artísticas, que o espetáculo não seria algo além ou aquém, mas, sim, a própria pesquisa.

As facilidades foram o convívio com o grupo e o ambiente de criação, além de um grande interesse pela linguagem trabalhada. Facilidades que, em grande parte, foram devidas ao trabalho da direção.

Primeiro Depoimento da Atriz Silvia de Paula

Em um primeiro momento, o trabalho consistia em aquecimento, para despertar e preparar o corpo para os exercícios de pesquisa. Depois, partíamos para os exercícios do dia, de acordo com o desenvolvimento da pesquisa.

Os exercícios englobavam a parte prática da teoria estudada nos fenômenos da natureza – elemento ar. Com apoio dramático do texto de Guimarães Rosa, "A Terceira Margem do Rio", o trabalho corporal foi desenvolvido com base nos estudos de Grotowski e Barba, além dos exercícios criados pelo diretor. Tais exercícios revelavam um corpo com a possibilidade de sair e encontrar outro eixo de ação criativa, como a perda do equilíbrio. A partir daí, construímos imagens relacionadas ao texto dramático, pois em momento algum perdemos a consciência, apenas o "eixo cotidiano".

Todos os exercícios desenvolviam ações internas e externas, qualificando o trabalho do ator em cena em diferentes velocidades para o corpo, o que nos permitia ter consciência das tensões que potencializam ou impedem a ação criativa.

Percebi que, após os exercícios propostos, ficou muito mais fácil mergulhar na pesquisa de cenas. E hoje vejo o trabalho do ator com mais apropriação do seu corpo, consciente dos seus limites e possibilidades de superar os desafios propostos. Vejo um trabalho com mais energia, que explode em ações físicas conscientes e poéticas.

O treinamento possibilitou uma maior elaboração dramática, pois somos o objeto de estudo com olhar interno (registro vivido) e o olhar externo (ator observador). Ao mesmo tempo em que somos o que fazemos, temos consciência do que estamos fazendo. Isso nos dá autonomia na criação e potencializa a construção de um texto corporal baseado em outro texto [conto].

Esse treinamento possibilitou tanto o trabalho individual quanto o coletivo. Naturalmente, as partes se completavam, formando um todo, como se tecêssemos uma rede de ações físicas que se encontram em cenas, compondo o espetáculo. Cada ponto de encontro dessa rede era o elo do individual com o coletivo.

Em um primeiro momento, o conto me tocou pelas questões de abandono. Com o estudo aprofundado, fomos descobrindo outras questões que abarcam o homem na sua trajetória entre a vida e a morte.

Algo tem que morrer para que outras coisas possam nascer. Minha identificação com o texto foi total e acredito ter potencializado meu trabalho no treinamento. O texto é profundo e escancara as mazelas humanas no ato de conviver consigo mesmo e com os outros. Acredito ter sido uma relação dos bons encontros na vida. O texto ampliou os olhares para o desenvolvimento e se uniu perfeitamente com a pesquisa. Os exercícios de giro mexiam com questões emocionais e faziam me sentir muito mal. Apesar disso, após a prática, o processo de criação fluía mais facilmente.

Segundo Depoimento da Atriz Silvia de Paula

Tempo, Encontro, Desencontro, Formação, Transformação... Desformatização, Vida. O pulso acelera e o giro me leva ao universo do esquecimento – do eu, do não eu, do outro que sou eu. O primeiro encontro, o reconhecer-se no movimento de busca, de entrega e de descoberta. O treinamento pulsou como uma meditação, um turbilhão de sensações que me levou ao sentimento de pertencimento de mim mesma. Um gesto, uma palavra, o dentro-fora, e o fora--dentro. Todos os órgãos pressionados como se quisessem sair pelo peito. O estômago "gritando" para explodir tudo o que foi obrigado a engolir. Um nó trancando a garganta, que explode em um choro de silêncio. Um grito emanando todos os passos não dados, os sorrisos guardados, os olhares velados pulsando por vida. Respiro, respiração. A queda, a quebra, o rígido, o estático, transformando o desequilíbrio no impulso que reverbera o ser com ela, que sou eu. "Quem sou eu?" Viver esse treinamento foi uma fusão de cores que deu sentido e significado para minhas escolhas de sempre me redescobrir. Antes de tudo, me fez acreditar e perceber que o ator é corpo e alma, presente com seus sentimentos e sensações em uma situação a ser vivida na sua integridade.

Depoimento da Atriz e Dramaturgista Magali Gallello

No começo da pesquisa, fazia parte do grupo de atores envolvidos. Afastei-me por um tempo e, quando retornei, minha função no grupo passou a ser acompanhar a dramaturgia e produzir o texto. Há dois aspectos que considero fundamentais como diferenciais para a criação do texto: o primeiro foi ter experimentado os movimentos e as partituras corporais iniciais junto com os atores, criando e registrando física e internamente a memória das sensações e intensidades que os movimentos produziram. O segundo foi, mesmo sem continuar participando do treinamento, ter acompanhado os ensaios, observando o desenvolvimento do processo de criação dos atores e o utilizando como fonte contínua e crucial de inspiração, a ponto de o texto também ser considerado uma criação coletiva em sua base.

Com base no conto "A Terceira Margem do Rio", de Guimarães Rosa, em um trabalho de pensar coletivo, várias ideias que pudessem se relacionar com o objeto da pesquisa foram levantadas. A partir delas, os atores produziram registros escritos, orientados por um roteiro que considerava o movimento circular (no ciclo vida e morte), as forças e intensidades do furacão e, ao mesmo tempo, as características psicológicas das personagens do conto. Fragmentos de jornal (obituários, registros de nascimento etc), experiências de vida, fatos, emoções, textos de outros autores, tudo era recolhido e ordenado, visando dar corpo ao texto. Foi produzido um primeiro texto, muito longo e preso a essas informações, que, de fato, não se mostrou adequado às partituras corporais e à dramaturgia até então produzida.

A ideia de a peça ter um texto foi, então, revista. Continuei acompanhando os ensaios, registrando visualmente os movimentos, as partituras, tudo o que compunha o universo criativo dos atores e do diretor: nenhuma anotação escrita. Foram várias semanas apenas assistindo aos ensaios, em um processo muito similar ao dos atores no que diz respeito à assimilação, codificação e internalização das partituras, sem que isso fosse conscientemente programado. No momento em que toda essa memória foi absorvida, mas também relacionada, combinada e integrada à minha própria memória de experimentação dos exercícios propostos e das sensações despertadas durante sua execução, surpreendentemente o texto "surgiu", como um impulso criativo propulsionado pelo furacão (não mais do que duas ou três horas de elaboração, sem retoques posteriores). E somente depois de seu efetivo surgimento é que pude me dar conta de que a escrita resultou completamente inserida na proposta da pesquisa: o texto também experimentou o vento, o furacão, o circular, as forças de baixo para cima, de dentro para fora, o que se revela nas ideias, nas metáforas, na cadência poética, na métrica (até mesmo quando em prosa). Como consequência, o texto se "encaixou" dentro do tempo dos atores, como se esse tempo tivesse sido previamente medido.

A escrita atravessou "A Terceira Margem do Rio", carregando consigo objetos do texto de Guimarães Rosa, que foram incorporados em repetidas leituras e discussões em grupo, e foi tratar da memória. "A memória é como o que apega"[1], é aquele espaço intermediário entre o corpo físico e corpo criativo do ator. O enredo do texto segue o furacão, despertando lá de dentro essa memória, trazendo à tona várias explosões emocionais e emotivas espiraladas: elas retomam palavras, expressões que se repetem no texto (assim como algumas partituras se repetem no prosseguir de cada personagem), mas que apesar de serem circulares, não estão no mesmo espaço/tempo, pulam de contexto e circunstância, para concluir que "era a partir da inércia da memória que a história vem".

A maior dificuldade encontrada foi antever ou planejar a escrita: tudo o que foi planejado "falhou" ou não resultou. O processo de escrita, novo para mim, só foi efetivamente compreendido depois que resultou. A maior facilidade foi dispor de todo esse rico arquivo formado durante a pesquisa, poder contar com a produção coletiva, com atores comprometidos, com a visão surpreendente do pesquisador-diretor. Passei a olhar o trabalho do ator, a construção de partituras e a elaboração de cenas como significativas ferramentas para o livre escrever, canais que facilitam o fluir espontâneo do texto, compondo uma bagagem muito rica quando experimentada pelo escritor. Entendi depois não se tratar do ator-escritor, mas da "escrita-atriz".

Depoimento da Atriz Marcela Grandolpho

O trabalho desenvolvido em sala teve como base a pesquisa e o desenvolvimento de um treinamento físico para o ator, a partir da imagem do "olho do furacão" e das "dinâmicas do ar". Os exercícios experimentados possibilitaram a descoberta de figuras corporais para a montagem de partituras individuais, que foram improvisadas em cenas seguindo temas sugeridos pelo conto "A Terceira Margem do Rio", de Guimarães Rosa.

1 Ver supra, p. 100.

A preparação corporal do ator foi a base para o desenvolvimento das cenas e da construção da dramaturgia. Acredito que esse trabalho desenvolveu a fundo a ideia de ator-criador.

Mesmo com exercícios rígidos e precisos, as imagens e variações de dinâmicas ampliaram meu imaginário para que eu criasse livremente. Quanto mais domínio, mais precisão e consciência, mais livre e criativa me apresentava para o treino e estudo.

Ficou muito clara a ideia do extracotidiano, de Eugenio Barba. A construção de partitura constituiu um processo de escrita cênica através do corpo – o ator escolhendo imagens e dispositivos para a criação de uma poética teatral própria. Acredito que o ator deva trabalhar assim o tempo todo. Nesse processo, a cena e o texto não vieram antes. A cena foi criada a partir de partituras e improvisações em grupo.

Na construção do espetáculo, o ator cria os signos para a cena. É a partir do ator que a dramaturgia foi se constituindo. E isso deu tão certo no nosso grupo, devido à imensa comunhão entre os atores e diretor desde o início do processo. O treino comum possibilitou organicidade e jogo na construção do espetáculo.

O conto era a inspiração para a criação. Foi a paisagem onde nos deslocamos, onde encontramos vida para trabalhar com um corpo dramático não imitativo. Ele foi o organizador do pensamento individual em coletivo.

A maior dificuldade foram as minhas próprias limitações físicas. Acordar cedo e treinar, às vezes, era bem sofrido para mim, além das preocupações do dia a dia que sempre atrapalham. Eu me distraio muito facilmente, então, me sairia melhor se pudesse focar mais nos encontros. Outra dificuldade foi aprender a pensar mais fisicamente e menos racionalmente. Ouvir mais o corpo e explorar o que ele tem de possibilidade.

Como facilidade, destaco a afinidade com a linguagem e o grupo, a liberdade de experimentação, a vontade imensa de fazer parte dessa pesquisa, a clareza com a pesquisa, como o treino e as cenas foram conduzidas.

Primeiro Depoimento da Atriz Nilce Xavier

A partir do estudo das metáforas do vento – o vento e todos os seus estados, desde a aragem, a brisa, até o furacão –, trabalhamos com as gradações desse elemento e as possibilidades que cada estágio oferece, como calmaria e agitação, até chegar ao elemento fúria, ponto máximo ao qual chegamos.

O estudo das intensidades e das possibilidades do elemento ar foi explorado ora no grupo, ora individualmente – e o desenvolvimento das metáforas desse elemento da natureza pôde contribuir para o trabalho de cada membro do grupo.

Para empreender as jornadas de pesquisa, usamos como suporte o conto "A Terceira Margem do Rio", de Guimarães Rosa, buscando elementos para aplicar as descobertas feitas no treino físico. A partir desse momento, a pesquisa passa da esfera predominantemente corporal, do exercício, para a esfera subjetiva, intelectual e, até mesmo, emocional. Esse foi o ponto no qual os caminhos divergiram (porém, em direção ao mesmo objetivo). Foi o momento da criação e da descoberta solitárias, tendo como base o treino físico, que posteriormente foram partilhadas com o restante do grupo.

O treino me proporcionou uma tremenda evolução, ou melhor, um tremendo amadurecimento junto ao meu trabalho de atriz. Desde que comecei a entender melhor as propostas de trabalho, venho tentando usar todos os elementos e exercícios fora do grupo também. Desde então, para mim, o trabalho do ator aparece como um processo de elaboração, no qual nada, absolutamente nada, é gratuito. Um trabalho no qual cada pequena ação, cada pequeno gesto é movido por uma ação interna, por um estado de prontidão corporal e mental que precisa ser bastante denso para criar um sentido para aquele gesto (ou ação) que está sendo feito. Como ainda estou em um estágio muito inicial desse desenvolvimento e amadurecimento, pode ser que muitas dessas minhas concepções e ideias não sejam adequadas, mas isso é algo que só vou descobrir no futuro. Quero trilhar esse caminho, mesmo que seja para descobrir depois que minhas ideias não seguiram exatamente o rumo mais apropriado. Por ora, acho que cada gesto que não estiver preenchido internamente é um gesto sujo, que polui a cena.

Tenho visto o trabalho do ator como algo solitário, de descobertas internas de estados emocionais e de descobertas externas de estados corporais, que depois serão "usadas" da melhor forma, de acordo com as exigências da situação cênica.

Acredito que depois da "definição" individual, o trabalho em grupo ganha mais consistência. E essa "oscilação" torna tudo engrandecedor.

As dificuldades e facilidades estiveram ligadas durante o processo. Reitero que falo de ideias e conceitos que ainda estão se desenvolvendo em mim. A elaboração de partituras é a continuação, o passo seguinte, do trabalho inicialmente solitário do ator. Após buscas internas e externas, o ator começa a aplicar as descobertas que fez, usando para isso algum suporte (no caso do nosso grupo, o conto) e, assim, a partitura vai surgindo, se esboçando e ganhando corpo. Isso ainda faz parte do processo solitário de criação. A partir do momento em que essas criações são divididas com o grupo – e as ideias se agregam e se completam –, o trabalho passa para a esfera coletiva, surgindo a partilha de ideias, ideias que vão se formatando e se modificando na geração do espetáculo.

Senti que foi uma relação de reencontro. Já havia estudado esse conto na faculdade e ficado impressionada com a sua pungência, mas foi uma relação guiada pelo prisma literário. Ao trabalhar o conto no treino, como suporte para o nosso trabalho com as metáforas do vento, senti como se ele fosse desconhecido para mim, tal era a gama de sensações e interpretações que o trabalho prático permitiu criar em cima dele.

Esse trabalho também me clareou outros elementos do universo roseano, que, por sua vez, colaboraram para descobertas de outras nuances práticas. Ou seja, foi uma relação de simbiose, na qual os elementos se agregaram, uns servindo de anteparo para outros, para que surgisse algo novo que pudesse ser agregado a esse processo e assim por diante.

Uma das minhas principais dificuldades foi descobrir as possibilidades do meu corpo, pois ainda me sinto muito presa e tenho a sensação de que não consigo dar cabo dos exercícios corporais plenamente. Faltam-me condicionamento físico, flexibilidade e alongamento necessários para poder explorar o limite das possibilidades de aplicação do treino no trabalho com o conto. Também senti um pouco de dificuldade na elaboração das partituras – ainda me sinto muito crua quando vou criá-las e acho que elas não respondem exatamente à proposta que foi colocada em jogo, mas sei que isso é algo que terei de desenvolver com o tempo. Essas dificuldades só o treino pode superar ou, ao menos, melhorar.

Tive mais facilidade com a parte "teórica" e conceitual do trabalho, como esta atividade de reflexão e escrita, que consiste basicamente em raciocínio e exposição de ideias. Também gosto de ler o conto, de adentrar sua imagética, buscar suas referências.

Reitero que o treino foi engrandecedor. Foi ótimo trabalhar em um grupo em que todos estão interessados e entram de cabeça. Sinto por não ter conseguido me dedicar mais, por ficar dependente dos horários do trabalho.

Segundo Depoimento da Atriz Nilce Xavier

O espetáculo como existe hoje seria impossível sem o treinamento físico e as improvisações, fundamentais para proporcionar a base corporal com a qual pudemos elaborar as partituras propostas a partir das imagens e temas suscitados pelo conto de Guimarães Rosa, tão rico em sua imagética e possibilidades cênicas.

O texto de nossa amiga Magali agregou mais sensações – intensas e profundas – às despertadas pelo conto. Acho difícil falar da pesquisa e principalmente do resultado cênico do espetáculo sem envolver o lado emocional. São coisas que me despertam, afetam, angustiam, alegram, desafiam, entristecem e me fazem refletir, refletir, refletir o tempo todo... heranças do começo da pesquisa e mais materiais para construir outras lembranças em sua continuidade.

Em todo o trabalho de elaboração, e no meu caso também de apropriação de partituras de outrem, tive como elemento motivador as imagens do conto que mais me tocaram. Essa parte da apropriação foi bem complicada: assumir as partituras da Marcela, que precisou se ausentar durante um período do processo. Não tanto pela parte física, porque o treinamento fornecia a base para isso, mas principalmente pela essência do que ela fazia. Foi difícil assumir as partituras dela, criadas por ela, a partir das suas sensações, e colocar nisso as minhas próprias, tornar em essência aquilo também meu. Mesmo participando da pesquisa desde o começo, não estava "dentro" do espetáculo até ter de cobrir a lacuna deixada pela Marcela. Então, foi preciso criar uma sintonia com o grupo, algo já estabelecido entre eles. Por um tempo, me senti marginalizada, "à terceira margem" no entrosamento em cena, o que também foi uma rica fonte de percepções para descobrir minha essência no processo de apropriação das partituras da Marcela. Ainda mais considerando as imagens de falta, partida e marginalização presentes no conto de Guimarães Rosa.

"E eu não podia... Por pavor, arrepiados os cabelos, corri, fugi, me tirei de lá, num procedimento desatinado. Porquanto que ele me pareceu vir: da parte do além. E estou pedindo, pedindo, pedindo um perdão."[2] Gosto dessa passagem do conto. O rio, coisa que o homem não pode controlar, é para mim o tempo e sua passagem. O fluxo contínuo e incontrolável, inexorável como a vida, assaltando-me aquela ideia de que o rio que observamos agora, não é o rio que vimos há um minuto, pois as águas para as quais olhamos agora,

2 G. Rosa, *Primeiras Estórias*, p. 37.

não são mais aquelas que olhamos há um minuto. Assim como o tempo, o presente já não é mais o tempo de um minuto atrás. O pai parece-me se unir a esse rito de fluxo contínuo e sua vida também se torna parte da correnteza desse rio que ele escolhe como morada, quase se fundindo à paisagem, instaurando uma terceira margem. O menino correndo atrás de seu pai na beira do rio parece-me a busca incansável pelo nem se sabe o quê que todo ser humano faz, perpetuando um estado infindável de querência na alma.

Na minha travessia do processo, tais imagens se configuraram em resultado cênico na forma de relacionamentos interrompidos e retomados continuamente, de relações entre pessoas que não têm a força de renunciar à sua vida e relegar-se à "sina de existir" como fizera o "Pai". Mas essa escolha pela vida não representa conforto, muito menos alívio. É preciso ser muito forte para viver, porém é preciso ser ainda mais forte para existir, para "ser tão" alguma coisa.

Depoimento da Atriz Hanne Chicrala

Tivemos como ponto de partida a metáfora do ar para o treinamento – trabalho corporal fundamentado nas diferentes relações com esse fenômeno, em que o ator se depara com elementos conscientes que seleciona. No começo, via apenas como um trabalho corporal. No decorrer do tempo, durante as vivências, entendi que as sensações se juntavam ao trabalho que eu pensava ser apenas físico. Esse treinamento teve uma pulsação peculiar, com exercícios fundamentados e executados em vetores, pressões e giros, fazendo o ator se deparar com experiências descobertas durante sua realização, além de trabalhar a seleção de imagens para a cena.

Acredito que o trabalho do ator é a não distinção entre corpo/sensações. No treinamento, a construção de partitura foi fundamental para um resultado satisfatório. Pensava na relação com meu material de trabalho/pesquisa. Como aplicar? O conto é sutil. Eis um aparente paradoxo, uma questão a ser resolvida, estabelecendo a dificuldade de procurar a solução.

A relação corpo/sensação, tendo de filtrar o que é interessante ou não para a partitura/cena e a consciência de ritmo quando em cena/partitura, foi uma dificuldade encontrada, enquanto o trabalho corporal foi fácil.

Depoimento da Atriz Telma Guedes

Quando passei a fazer parte do grupo, já existia uma pesquisa avançada, com uma constância de vários treinos, estudos, partituras e um primeiro texto sendo apresentado. A base da pesquisa era a busca de uma equivalência para o trabalho do ator nos estágios do vento (aragem, brisa, vento, ventania até furacão). Entendo por essa equivalência a correspondência desses estágios no tônus, voz, sentimentos e movimentos do ator na cena. É uma vivência completa. A harmonia do grupo transmitia essa atmosfera.

No início, observei muito o grupo. Também colaborei organizando gravuras e imagens, que visualmente transmitissem essas fases do ar. Pesquisei e enviei vários quadros de pintores famosos onde podíamos observar essa equivalência – seja nas cores, nos traços, nas expressões das pessoas ali retratadas, no contexto geral da pintura etc. – das mais variadas formas. Também pesquisei fotos da natureza nesses estágios diversificados.

Levei para os ensaios a sensação visual que essas imagens me passaram, treinando meus movimentos, voz, impulsos e compondo minhas partituras. Utilizamos como base e inspiração o conto "A Terceira Margem do Rio", de Guimarães Rosa. A partir dele, trabalhamos sentimentos e ações regidos por situações de separação, desamor, partida e apego.

Foi maravilhoso participar da uma pesquisa em que o texto foi colocado a partir das partituras, estudos e vivências e também poder encenar a mesma peça sem o texto, com a essência mantida e o trabalho corporal acentuado.

Minha maior dificuldade foi conseguir passar corporalmente por todos esses estágios, com sensíveis diferenças entre cada um deles, como a exploração do trio corpo/espaço/voz, independente de um texto. Explorar limites corporais e dosar movimentos.

Esses treinos não só me modificaram como atriz, como também aguçaram os meus sentidos e percepções sobre o mundo. Essa mistura de imagens, fragmentos textuais, sensações e trabalho corporal do ator foi levada ao palco, através das projeções como pano de fundo na peça. O trabalho é uma poesia teatral, um espetáculo para ser visto e sentindo pelo público. Quando acabamos de assisti-lo, ficam imagens, quadros em nossa memória, que resumem sentimentos e sensações.

Depoimento da Atriz Juliana Molla

Antes de tudo, a relação viva entre as pessoas. O modo como a linha de ação dá seguimento aos encontros. Pequenos fragmentos desse todo chegavam até mim de modo singelo. Haviam relações genuínas entres pessoas que solidavam a esta outra sina de existir. Fazendo de tudo, e ao todo, um encontro que alimentava fartamente o envolvimento artístico, fazendo-o bater em um compasso mais certo.

Tomo isso para o conto de Guimarães Rosa, a cada ser humano ali "translinhado". Para o resultado desse trabalho, peça, exercícios, treinamentos e pesquisa. A cada pessoa envolvida. Ao grupo.

Bibliografia

Livros

ALAIN. *Ideias: Introdução à Filosofia: Platão, Descartes, Hegel, Comte*. São Paulo: Martins Fontes, 1993.

ARAÚJO, Antônio. *A Gênese da Vertigem: O Processo de Criação de "O Paraíso Perdido"*. São Paulo: Perspectiva, 2011.

BACHELARD, Gaston. *O Ar e os Sonhos – Ensaio Sobre a Imaginação do Movimento*. São Paulo: Martins Fontes, 2001.

____. *A Poética do Espaço*. São Paulo: Martins Fontes, 1993.

BARBA, Eugenio. *A Canoa de Papel: Tratado de Antropologia Teatral*. Campinas: Hucitec, 1994.

____. *Além das Ilhas Flutuantes*. Campinas: Hucitec, 1991.

BARBA, Eugenio; SAVARESE, Nicola. *A Arte Secreta do Ator: Dicionário de Antropologia Teatral*. São Paulo/Campinas: Hucitec/Unicamp, 1995.

BAUMGÄRTEL, Stephan. Em Busca de uma Teatralidade Textual Performativa Além da Representação Dramática: Reflexões Sobre a Verdade Formal na Dramaturgia Contemporânea. In: MOSTAÇO, Edélcio; OROFINO, Isabel; BAUMGÄRTEL, Stephan; COLLAÇO, Vera. (orgs.). *Sobre Performatividade*. Florianópolis: Letras Contemporâneas, 2009.

BOSI, Ecléa. *Memória e Sociedade: Lembranças de Velhos*. São Paulo: Companhia das Letras, 1994.

BURNIER, Luís Otávio. *A Arte de Ator: Da Técnica à Representação*. Campinas: Unicamp, 2001.

CAMPBELL, Joseph. *O Herói de Mil Faces*. São Paulo: Cultrix/Pensamento, 1995.

CANTON, Katia. *Narrativas Enviesadas*. São Paulo: Martins Fontes, 2009.

CARONE, Modesto. *Metáfora e Montagem*. São Paulo: Perspectiva, 1974.

CARRIÓ, Raquel. Pedagogia y Experimentación Acerca de Algunas Experiências. In: *Pedagogia y Experimentación en el Teatro Lationamericano de la* EITALC. Cidade do México: Escenología, 1996.

DEBORD, Guy. *A Sociedade do Espetáculo*. Rio de Janeiro: Contraponto, 1997.

DIAZ, Enrique; OLINTO, Marcelo; CORDEIRO, Fábio (orgs.). *Na Companhia dos Atores*. Rio de Janeiro: Aeroplano, 2006.

FELDENKRAIS, Moshe. *Consciência Pelo Movimento*. São Paulo: Summus, 1997. 8 ed.

GARCÍA, Santiago. *Teoria y Practica del Teatro*. Bogotá: La Candelaria, 1994.

GROTOWSKI, Jerzy. *O Teatro Laboratório de Grotowski 1959-1969*. São Paulo: Perspectiva/Sesc, 2007.

____. *Hacia un Teatro Pobre*. 17. ed. Cidade do México: Siglo XXI, 1994.

GUINSBURG, J. *Stanislávski, Meierhold & Cia*. São Paulo: Perspectiva, 2001.

____. *Stanislávski e o Teatro de Arte de Moscou*. São Paulo: Perspectiva, 1985.

GUINSBURG, J.; FERNANDES, Silvia (orgs.). *O Pós-Dramático: Um Conceito Operativo?* São Paulo: Perspectiva, 2008.

HOLANDA, Aurélio Buarque de Holanda. *Minidicionário da Língua Portuguesa*. Curitiba: Positivo, 2010.

KNÉBEL, Maria Osipovna. *El Último Stanislavsky: Análisis Activo de la Obra y el Papel*. 2. ed. Madrid: Fundamentos, 1999.

KOBIYAMA, Masato et al.. *Prevenção de Desastres Naturais: Conceitos Básicos*. Curitiba: Organic Trading, 2006.

KOWZAN, Tadeusz. Os Signos do Teatro – Introdução à Semiologia da Arte do Espetáculo. In: GUINSBURG, J.; NETTO, J. Teixeira Coelho; CARDOSO, Reni Chaves (orgs.). *Semiologia do Teatro*. São Paulo: Perspectiva, 2003.

LAKOFF, George; JOHNSON, Mark. *Metáforas de la Vida Cotidiana*. 7. ed. Madrid: Catedra, 2007. (Colección Teorema).

LEHMANN, Hans-Thies. *Teatro Pós-Dramático*. São Paulo: Cosac Naify, 2007.

OSHO. *Meditação: A Primeira e Última Liberdade*. [S.l.]: Shanti, 1998.

OSTROWER, Fayga. *Criatividade e Processos de Criação*. Rio de Janeiro: Vozes, 1977.

PAVIS, Patrice. *Dicionário de Teatro*. São Paulo: Perspectiva, 1999.

PEIRCE, Charles Sanders. *Semiótica*. São Paulo: Perspectiva, 2000.

PICON-VALLIN, Béatrice. *A Cena em Ensaios*. São Paulo: Perspectiva, 2008.

____. *A Arte do Teatro: Entre Tradição e Vanguarda – Meyerhold e a Cena Contemporânea*. Organização Fátima Saadi. Rio de Janeiro: Teatro do Pequeno Gesto/ Letra e Imagem, 2006.

PLATÃO, *Diálogos/Platão*. 2. ed. São Paulo: Abril Cultural, 1983. Seleção de textos de José Américo Motta Pessanha. (Coleção Os Pensadores).

ROLDÃO, Maria do Ceu. *O Pensamento Concreto da Criança: Uma Perspectiva a Questionar no Currículo*. Lisboa: Instituto de Inovação Educacional, 1994.

ROSA, João Guimarães. *Primeiras Estórias*. Rio de Janeiro: Nova Fronteira, 1985.

SILVA, Armando S. (org.). *Cepeca: Uma Oficina de Pesquisatores*. São Paulo: Associação Amigos da Praça, 2010.

ROUBINE, Jean-Jacques. *A Linguagem da Encenação Teatral*. Rio de Janeiro: Jorge Zahar, 1998.

SPOLIN, Viola. *Improvisação Para o Teatro*. São Paulo: Perspectiva, 1979.

STANISLÁVSKI, Constantin. *A Construção da Personagem*. Rio de Janeiro: Civilização Brasileira, 2005.

____. *A Criação de um Papel*. Rio de Janeiro: Civilização Brasileira, 2004.

____. *Minha Vida na Arte*. Rio de Janeiro: Civilização Brasileira, 1989.

____. *A Preparação do Ator*. Rio de Janeiro: Civilização Brasileira, 1968.

VIEIRA, Jorge de Albuquerque. *Teoria do Conhecimento e Arte: Formas de Conhecimento – Arte e Ciência, Uma Visão a Partir da Complexidade*. Fortaleza: Expressão Gráfica e Editora, 2006.

WERNECK, Maria Helena; BRILHANTE, Maria João. *Texto e Imagem: Estudos de Teatro*. Rio de Janeiro: 7Letras, 2009.

Artigos Publicados em Jornais, Revistas e Sites

ABREU, Luís Alberto de. Processo Colaborativo: Relato e Reflexões Sobre uma Experiência de Criação. *Cadernos da* ELT. São Paulo:, ano 1, n. 0, 2003.

ALVES, Rubem. A Pedagogia da Travessia. *Folha de S.Paulo,* São Paulo, 14 jun. 2011. Cotidiano.

____. Vamos Construir uma Casa? *Folha de S.Paulo,* São Paulo, 11 mai. 2010. Cotidiano.

BONDÍA, Jorge Larossa. Notas Sobre a Experiência e o Saber de Experiência. *Revista Brasileira de Educação,* v. 19. São Paulo, jan.-fev.-mar.-abr. 2002.

BUENAVENTURA, Enrique; VIDAL, Jacqueline. Notas Para um Método de Criação Coletiva. *Camarim,* São Paulo, ano 9, n. 37, 2006.

CAPRANZANO, Vicente. Horizontes Imaginativos e o Aquém e Além. *Revista de Antropologia*, São Paulo, USP, 2005, v. 48, n. 1.

GARCIA, Santiago. La Creación Colectiva Como Proceso de Trabajo en la Candelaria. *Revista Taller Teatro*, Bogotá: Ed. Colombia Nueva, n. 1.

GROTOWSKI, Jerzy. Lo que fue, *Revista Máscara*. Número Especial de Homenaje. México, ano 3, 1992/1996.

MATERNO, Angela. Isto Não é um Espetáculo: Considerações Sobre a Dramaturgia Contemporânea. *Folhetim*, n. 28, 2009.

NOGUEIRA JR., Arnaldo. Resumo Biográfico e Bibliográfico: Guimarães Rosa. *Releituras*. Disponível em: <http://www.releituras.com/guimarosa-bio.asp>. Acesso em 31 mar. 2011.

OLIVEIRA JR., Wenceslao Machado de. Imaginação e Pesquisa: Apontamentos e Fugas a Partir D'A *Poética do Espaço*. *Educ. Soc.*, Campinas, v. 29, n. 105, dez. 2008.

SANTOS, Ednaldo Oliveira dos. Furacão: Fúria da Natureza. *Cirrus*, ano I, n. 4, set-out, 2005.

WEIL, Sonia. *O Perfil do Número Três: O Comunicador*. Disponível em: <http://www.somostodosum.ig.com.lu>. Accesso em: 26 fev. 2010.

Monografias, Dissertações e Teses

NUNES, Sandra Meyer. *As Metáforas do Corpomídia em Cena: Repensando as Ações Físicas no Trabalho do Ator.* Tese de doutorado. Programa de Estudos Pós-Graduados em Comunicação e Semiótica, PUC, São Paulo, 2006.

ARAÚJO, Antônio. *A Encenação no Coletivo: Desterritorializações da Função do Diretor no Processo Colaborativo*. Tese de doutorado. Departamento de Artes Cênicas, USP, São Paulo, 2008.

SILVA, Armando Sérgio da. *Oficina da Essência*. Tese de livre docência. Departamento de Artes Cênicas, USP, São Paulo, 2003.

Sites

Robert Wilson. Disponível em: <http://www.robertwilson.com/>. Acesso em: 23 dez. 2015.

Robert Lepage. Disponível em: <http://lacaserne.net/index2.php/robertlepage/>. Acesso em: 23 dez. 2015.

Rimini Protokoll. Disponível em: <http://www.rimini-protokoll.de/website/en/index.php>. Acesso em: 23 dez. 2015.

Associação Teat(r)o Oficina Uzyna Uzona. Disponível em: <http://www.teatroficina.com.br/>. Acesso em: 23 dez. 2015.

Cia. dos Atores. Disponível em: <http://www.ciadosatores.com.br/>. Acesso em: 23 dez. 2015.

Os Satyros. Disponível em: <http://www.satyros.com.br/>. Acesso em: 23 dez. 2015.

Releituras – resumo biográfico e bibliográfico: Guimarães Rosa. Disponível em: <http://www.releituras.com/guimarosa_bio.asp.. Acesso em: 8 maio 2016.

Outras Fontes

Palestra "Teatro e Novas Tecnologias" proferida por Béatrice Picon-Vallin no Departamento de Artes Cênicas da ECA-USP, em março de 2011.

Programa da exposição Aleksandr Rodtchenko: Revolução na Litografia. Pinacoteca do Estado de São Paulo, fev.-maio 2011.

TEATRO-EDUCAÇÃO NA PERSPECTIVA

Semiologia do Teatro
J. Guinsburg, J. T. Coelho Netto e Reni C. Cardoso (orgs.) (D138)
Natureza e Sentido da Improvisação Teatral
Sandra Chacra (D183)
Jogos Teatrais
Ingrid D. Koudela (D189)
Performance como Linguagem
Renato Cohen (D219)
A Arte do Ator
Richard Boleslavski (D246)
Um Vôo Brechtiano
Ingrid D. Koudela (D248)
Prismas do Teatro
Anatol Rosenfeld (D256)
Teatro de Anchieta a Alencar
Décio de Almeida Prado (D261)
A Cena em Sombras
Leda Maria Martins (D267)
Texto e Jogo
Ingrid D. Koudela (D271)
O Drama Romântico Brasileiro
Décio de Almeida Prado (D273)
Para Trás e Para Frente
David Ball (D278)
Brecht na Pós-Modernidade
Ingrid D. Koudela (D281)
O Teatro do Corpo Manifesto: Teatro Físico
Lúcia Romano (D301)
Teatro com Meninos e Meninas de Rua
Marcia Pompeo Nogueira (D312)
40 Questões Para um Papel
Jurij Alschitz (D328)
Dramaturgia: A Construção da Personagem
Renata Pallottini (D330)
Caminhante, Não Há Caminho. Só Rastros
Ana Cristina Colla (D331)
Ensaios de Atuação
Renato Ferracinio (D332)
A Vertical do Papel
Jurij Alschitz (D333)
Improvisação para o Teatro
Viola Spolin (E062)
Jogo, Teatro & Pensamento
Richard Courtney (E076)
Sobre o Trabalho do Ator
M. Meiches e S. Fernandes (E103)
Brecht: Um Jogo de Aprendizagem
Ingrid D. Koudela (E117)
O Ator no Século XX
Odette Aslan (E119)
O Ator Compositor
Matteo Bonfitto (E177)
Papel do Corpo no Corpo do Ator
Sônia Machado Azevedo (E184)
A Análise dos Espetáculos
Patrice Pavis (E196)
As Máscaras Mutáveis do Buda Dourado
Mark Olsen (E207)
Para Ler o Teatro
Anne Ubersfeld (E217)
O Ator como Xamã
Gilberto Icle (E233)
A Arte do Ator entre os Séculos XVI e XVIII
Ana Portich (E254)

Conversas sobre a Formação do Ator
Jacques Lassalle e Jean-Loup Rivière (E278)
Persona Performática: Alteridade e Experiência na Obra de Renato Cohen
Ana Goldenstein Carvalhaes (E301)
Como Parar de Atuar
Harold Guskin (E303)
Função Estética da Luz
Roberto Gill Camargo (E307)
Entre o Ator e o Performer
Matteo Bonfitto (E316)
Ritmo e Dinâmica no Espetáculo Teatral)
Jacyan Castilho (E320)
A Voz Articulada Pelo Coração
Meran Vargens (E321)
Alegoria em Jogo
Joaquim C.M. Gama (E335)
Campo Feito de Sonhos: Os Teatros do Sesi
Sônia Machado de Azevedo (E339)
Teatro: A Redescoberta do Estilo e Outros Escritos
Michel Saint-Denis (E343)
Nissim Castiel: Do Teatro da Vida Para o Teatro da Escola
Debora Hummel e Luciano Castiel (orgs.) (MP01)
O Grande Diário do Pequeno Ator
Debora Hummel e Silvia de Paula (orgs.) (MP02)
Um Olhar Através de... Máscaras
Renata Kamla (MP03)
Performer Nitente
Adriano Cypriano (MP04)
O Gesto Vocal
Mônica Andréa Grando (MP05)
Stanislávski em Processo
Simone Shuba (MP06)
A Incorporação Vocal do Texto
Marcela Grandolpho (MP07)
O Ator no Olho do Furacão
Eduardo De Paula (MP08)
Dicionário de Teatro
Patrice Pavis (LSC)
Dicionário do Teatro Brasileiro: Temas, Formas e Conceitos
J. Guinsburg, João Roberto Faria e Mariangela Alves de Lima (LSC)
História do Teatro Brasileiro, v. 1: Das Origens ao Teatro Profissional da Primeira Metade do Século XX
João Roberto Faria (Dir.) (LSC)
História do Teatro Brasileiro, v. 2: Do Modernismo às Tendências Contemporâneas
João Roberto Faria (Dir.) (LSC)
História Mundial do Teatro
Margot Berthold (LSC)
O Jogo Teatral no Livro do Diretor
Viola Spolin (LSC)
Jogos Teatrais: O Fichário de Viola Spolin
Viola Spolin (LSC)
Jogos Teatrais na Sala de Aula
Viola Spolin (LSC)
Léxico de Pedagogia do Teatro
Ingrid Dormien Koudela; José Simões de Almeida Junior (coords.)(LSC)
Rastros: Treinamento e História de Uma Atriz do Odin Teatret
Roberta Carreri (LSC)

Este livro foi impresso na cidade de Cotia,
nas oficinas da MetaSolutions, em abril de 2017,
para a Editora Perspectiva.